Die Bände der grossen Meermädchen-Saga:

Alea Aquarius. Der Ruf des Wassers
Alea Aquarius. Die Farben des Meeres
Alea Aquarius. Das Geheimnis der Ozeane
Alea Aquarius. Die Macht der Gezeiten
Alea Aquarius. Die Botschaft des Regens
Alea Aquarius. Der Fluss des Vergessens
Alea Aquarius. Im Bannkreis des Schwurs
Fortsetzung folgt!

Ausserdem erschienen (ab 6 Jahren):

Alea Aquarius. Weihnachten mit der Alpha Cru
Alea Aquarius. Ein Lied für die Gilfen
Alea Aquarius. Die Magie der Nixen
Alea Aquarius. Die Kraft der Wasserkobolde

Alle Bände der Serie sind ebenfalls als Hörbuch bei Oetinger audio
erschienen, mit einem Alea-Song der Autorin.
Auch auf Instagram:
@aleaaquarius_oetinger
@tanyastewner
Hier findest du die Beta-Cru-Community:
www.alea-aquarius.de

TANYA STEWNER

Mein Alea Aquarius Bestfanbuch

Verlag Friedrich Oetinger · Hamburg

1. Auflage
© 2022 Verlag Friedrich Oetinger GmbH
Max-Brauer-Allee 34, 22765 Hamburg
Alle Rechte vorbehalten
© Text: Tanya Stewner
© Umschlagillustration und Vignetten: Claudia Carls
© shutterstock/Vector Tradition:
14/15, 18/19, 24/25, 28/29 (Unterwasserpflanzen)
© shutterstock/Anastasiia Veretennikova:
30/31 (Sternbilder)
Zusammenstellung der Texte: Jana Freudenberger
Satz und Gestaltung: Nicole Pfeiffer, Hamburg
Druck und Bindung: Livonia Print SIA,
Jurkalnes iela 15/25, LV-1046 Riga, Lettland
Printed 2022
ISBN 978-3-7512-0281-7
www.oetinger.de
www.alea-aquarius.de

Inhalt:

Ahoi, Misch Dayara und Unah!

Willkommen an Bord. Wie schön, dass dieses Bestfanbuch zu dir gefunden hat. Auf den folgenden Seiten kannst du ganz in meine Welt eintauchen und in Ruhe alles über mich und die Meerwelt nachlesen. Stell dir vor, du hältst eine magische Buchmuschel in der Hand und hast sie nun mit Wasser gefüllt. Mit der Beschwörungsformel *Nscho garuu sa hunati* habe ich die Muschel auch für dich als Landgängerin zugänglich gemacht. So werden nun vor deinen Augen jede Menge Geheimnisse und Hintergrundgeschichten offenbart. Es gibt unglaublich viel zu entdecken über: Magische, Meermenschenstämme, Hajara-Vokabeln, meine große Liebe Lennox und über mich und meine Freunde. Ich vermute, dir wird schnell auffallen, dass an einigen Stellen ganz neue Informationen versteckt sind. Eine Buchmuschel kann man zum Glück immer wieder lesen, du wirst also sicher alles entdecken. 😉

Willst du auch Teil der Alpha Cru werden? Dann schau auf der Seite 154 nach, hier findest du einen Auszug aus Sammys Buch der Sternbilder. Lass das Schicksal entscheiden, und erfahre, welcher Bandenname zu dir gehört. Möge dich stets guter Wellenschlag begleiten!

Deine
Alea Aquarius

Die Alpha Cru

Die Alpha Cru lebt gemeinsam auf einem
alten Segelschiff, der *Crucis*, das Ben und
Sammys Großvater gebaut haben. Geld verdienen die Cru-Mitglieder mit Straßenmusik.
Sie singen Coverversionen von bekannten
Titeln, schreiben und spielen aber auch
viele eigene Songs.

Um in die Alpha Cru aufgenommen zu werden,
muss man das sogenannte *Bandenritual* durch-
laufen. Dabei blättert man mit geschlossenen
Augen in einem alten Buch über Sternbilder.
Wenn man das Gefühl hat, an einer bestimmten
Seite das Buch aufschlagen zu wollen, tut man
das. Das Sternbild, das dort beschrieben wird,
ist dann der Bandenname. Mit der Zeit ist die
Alpha Cru immer mehr gewachsen und hat
neue Mitglieder bekommen.

Alea Aquarus

Alea wusste lange nicht, dass sie ein Meermensch, eine Walwanderin und die Elvarion der letzten Generation ist. Bevor sie zur Alpha Cru kam, lebte sie ein ganz normales Leben bei ihrer Pflegemutter Marianne in Hamburg und dachte, sie hätte eine Kaltwasserallergie, die Kälteurtikaria genannt wird. Deswegen hat sie (kaltes) Wasser immer gemieden.

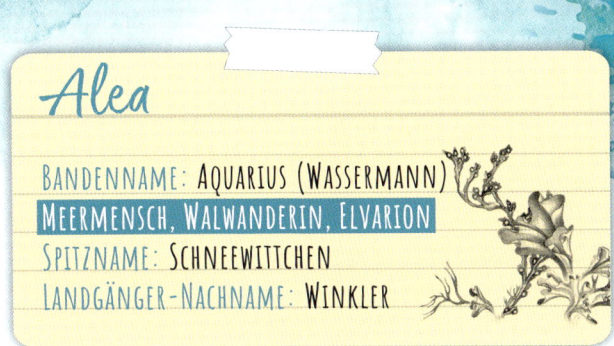

Alea

BANDENNAME: AQUARIUS (WASSERMANN)
MEERMENSCH, WALWANDERIN, ELVARION
SPITZNAME: SCHNEEWITTCHEN
LANDGÄNGER-NACHNAME: WINKLER

Erst, als sie bei einem Sturm von Bord der Crucis geweht wird ...
und ins Meer fällt, entwickeln sich die »Knubbel« (eigentlich »Raffnarben«) zwischen ihren Fingern und Zehen sowie hinter ihren Ohren in
Schwimmhäute und Kiemen. Sie spürt, dass das Meer ihr wahres Zuhause
ist, und stellt fest, dass sie Hajara, die Wassersprache, plötzlich fließend
sprechen und sich dadurch mühelos mit magischen Unterwasserwesen
verständigen kann. Von da an hat Alea den Traum, die Meerwelt wiederauferstehen zu lassen, Meermenschen und Landgänger miteinander zu
vereinen, sodass alle – gemeinsam mit den Magischen – für den Schutz
der Ozeane kämpfen.

Als Elvarion der letzten Generation steckt in ihr die für diese Vision nötige
Kraft. Denn in jeder Generation von Meermenschen wurden nur einige
wenige Elvarionen geboren, also Kinder, die dazu bestimmt waren, andere
anzuführen – Persönlichkeiten, die von klein auf gewisse Eigenschaften
und Fähigkeiten besitzen. Alea kann beispielsweise ihren Geist in einen
Zustand absoluter Klarheit versetzen und auch in einer bedrohlichen
Lage ruhig und überlegt handeln. Sie nennt es ihren »Elvarion-Modus«.

Eine Eigenschaft von *Walwanderinnen* ist die, dass sie im Wasser Farben und Formen sehen, das sogenannte Stimmungsspiel. Alea kann also erkennen, ob jemand gerade glücklich oder traurig ist, lügt oder die Wahrheit sagt usw. … Des Weiteren haben Walwanderer natürlich eine ganz besondere Verbindung zu Walen. Sie können mit ihnen kommunizieren und gehen mit ihnen auf Trosk, was bedeutet, dass sie sie auf ihren Wanderungen durch das Meer begleiten.

Auch von ihren Eltern, Nelani und Keblarr, sowie von ihrer Zwillingsschwester Anthea (Thea genannt) wusste Alea lange Zeit nichts. Mit Thea ist Alea sogar telepathisch verbunden, sie können also in Gedanken miteinander kommunizieren, wenn sie nicht zu weit voneinander entfernt sind.

In der Band der Alpha Cru spielt Alea die sogenannte »*Wasserharfe*«.
Das sind mit Wasser gefüllte Weingläser, über deren Rand sie mit an-
gefeuchteten Fingerspitzen behutsam fährt, um einen Ton zu erzeugen.
Durch den besonderen Klang der Wasserharfe bekommen die Songs, die
die Band spielt, einen außergewöhnlichen Sound. Außerdem singt Alea,
und auch wenn ihre Stimme zarter ist als die der Rockröhre von Tess,
klingt sie doch wunderschön, vor allem im Duett mit Lennox.

Seit Alea *Lennox* getroffen hat, haben die beiden eine ganz besondere
Verbindung und sind mittlerweile unsterblich ineinander verliebt.
Lennox nennt Alea »Yavani«, was »meine ewige Liebe« auf Hajara bedeutet. An Bord der *Crucis* ist Alea fürs Keksebacken zuständig, was vor
allem Sammy auch regelmäßig von ihr einfordert.

OPA: Yanarr (Omarion)

OMA: Kizu

PAPA: Keblarr

14

Stammbaum
Alea

OPA: Bilor

OMA: Annula

MAMA: Nelani

ALEA

Lennox

BANDENNAME: SCORPIO (SKORPION)
(HALBER) MEERMENSCH, OBLIVION
SPITZNAME: SIR SCORPIO, SEINE MUTTER
NANNTE IHN »LENNI«
LANDGÄNGER-NACHNAME: LANDO

Lennox wächst zunächst bei seinem Vater auf, der alkoholabhängig ist und Lennox schließlich rauswirft. Danach schlägt sich Lennox als Straßenjunge bis Amsterdam durch, wo er sich mit Diebstählen und Straßenmusik über Wasser hält, bis er auf die Alpha Cru trifft, die ihn bei sich aufnimmt.

Lennox ist anfangs nur ein halber Meerjunge, ...

da nur seine Mutter (Xenia) ein Meermensch ist, sein Vater aber ein Landgänger. Zunächst hat er also keine Kiemen und Schwimmhäute und fühlt sich dadurch Alea gegenüber manchmal unvollkommen. Als »Krieger der Elvarion« ist er jedoch immer an Aleas Seite und beschützt sie.

Schon ohne *Kiemen und Schwimmhäute* kann er unter Wasser länger die Luft anhalten und schneller schwimmen als übliche Landgänger. Da er ein Oblivion ist, ist er außerdem in der Lage, anderen die Erinnerungen zu nehmen. Außerdem fällt er niemandem auf, wenn er das nicht will, ist also quasi »unsichtbar«. Zu den magischen Skorpionfischen hat er eine besondere Verbindung und kann sie bitten, Dinge zu verhüllen.

Wie Alea
spricht auch er fließend Hajara.

Lennox spielt unheimlich gut *Gitarre* und liebt sein Instrument wie einen alten Freund. Zusammen mit den anderen Mitgliedern und auch mit Alea, seiner großen Liebe, schreibt er eigene Songs. Mittlerweile ist er durch den geleisteten *Herrinnenschwur* noch enger mit Alea verbunden und überdies stärker, er hat jetzt sozusagen Superkräfte. Mit Ben versteht Lennox sich besonders gut, die beiden sind inzwischen beste Freunde.

OPA: Francesco

OMA: Giulia

PAPA: Stefano

LENNOX

Stammbaum Lennox

OPA: Dex

OMA: Xintia

MAMA: Xenia

19

Ben (BENJAMIN)

BANDENNAME: LIBRA (WAAGE)
LANDGÄNGER, KAPITÄN DER CRUCIS
SPITZNAME: BEN, BENNI
LANDGÄNGER-NACHNAME: WALENDY

Ben ist das älteste Bandenmitglied und der Kapitän oder Skipper der *Crucis*. Zusammen mit seinem kleinen Bruder Sammy hat er die Alpha Cru gegründet. Alle weiteren Cru-Mitglieder wurden aufgenommen, als sie in Not waren.

und ist Mitglied bei den Ocean Knights, einer internationalen Meeresschutz-Organisation. Dort hat er auch seine große Liebe Niki (Nikaela Vela) wiedergetroffen, die ebenfalls Mitglied der Organisation ist und die er einst in Rumänien kennengelernt hatte, als er mit Onkel Oskar und Sammy dort war. Ben hatte sich damals dagegen entschieden, bei Niki zu bleiben, weil Sammy noch zu klein war und ihn brauchte. Mittlerweile sind Ben und Niki aber wieder ein glückliches Paar.

Bevor Lennox Bandenmitglied wurde, hat Ben Gitarre in der Band gespielt. Weil Lennox aber um einiges besser spielt, hat Ben nun den *Bass* übernommen.

Ben hat ein riesiges Sprachtalent, er spricht acht Sprachen, darunter auch die Gebärdensprache. Seit Neuestem kommt nun auch ein wenig Hajara hinzu.

Sammy (SAMUEL)

BANDENNAME: Draco (Drache)
LANDGÄNGER
SPITZNAME: Sammy, Flipper
LANDGÄNGER-NACHNAME: Walendy
HAUSTIER: Fussel (Robbe)

Sammy ist Bens kleiner Bruder und der Jüngste an Bord der *Crucis*. Weil ihre Eltern bei einem Unfall gestorben sind, segeln Sammy und Ben zunächst mit ihrem Opa Ernst und ihrem Onkel Oskar und schließlich allein um die Welt.

Sammy kuschelt und lacht am liebsten ständig, er ist in jedes Mitglied der Alpha Cru verliebt und sammelt für sein Leben gern die verrücktesten Dinge, z.B. Fusseln, Bestmomente, Lachen in Dosen. Er bezeichnet sich selbst als »König der Freaks« und findet es großartig, dass alle an Bord so schräge Vögel sind – und zwar gerne! Sammy unterhält das »Projekt

Wampe« und möchte sich – am besten mit Aleas leckeren Keksen – einen ordentlichen Bauch anfuttern. Bisher ist er davon allerdings noch ziemlich weit entfernt …

Seit sie zur Alpha Cru gestoßen ist, ist die *Ringelrobbe Fussel* mit Sammy liebevoll verbunden und quasi sein »Haustier«.

Wie Ben spricht auch Sammy mehrere Sprachen, u.a. die Gebärdensprache, mit der sich die Cru an Bord teilweise verständigt. Da ihr Opa Ernst gehörlos ist, können die Brüder schon von klein auf diese Sprache.

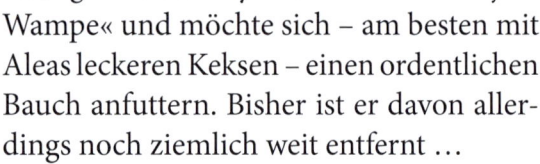

In der Band trommelt Sammy
auf seiner Cajón und ist für
seine spektakulären Outfits bekannt.

Fussel
BANDENNAME: FUHRMANN (AURIGA)
SPITZNAME: RÖBBCHEN, BESTFUSSELINE
RINGELROBBE

Fussel ist eine junge Ringelrobbe, die von Sammy während einer Ölkatastrophe gerettet wird, als sie an einem norwegischen Strand beinahe an verklebten Luftwegen stirbt. Die beiden sind sofort ein Herz und eine Seele. Mithilfe eines umgebauten Fischereikorbs wird die kleine Robbe von Sammy regelmäßig zu Wasser gelassen, sie kehrt jedoch auch stets zur *Crucis* zurück. Mit seiner magischen Trillerpfeife kann Sammy Fussel auch aus weiter Entfernung rufen. Die kleine Robbe schläft am liebsten am Fußende bei Sammy und Alea. Ihr Grölen klingt wie das Meckern einer Ziege.
Fussels Bandenname lautet »Auriga – Der Fuhrmann«, wobei das Sternbild an eine Ziege erinnert. Laut der Überlieferung gehörte das Horn der Ziege der Glücksgöttin Fortuna. Für Sammy ist daher klar, dass Fussel Fuhrmann der Glücksbringer der Alpha Cru ist.

OPA: Ernst August

OMA: Marlene

PAPA: Mike (Michael)

24

Stammbaum
Ben & Sammy

OPA: Isabelle

OMA: Frederic

MAMA: Michélle

BEN & SAMMY

25

Tess kommt ursprünglich aus Frankreich, Paris. Als sich ihre Eltern trennten, brauchte Tess eine Auszeit von der schlechten Stimmung zu Hause und haute ab. Ben und Sammy trafen sie in London und nahmen sie in die Alpha Cru auf. Und auch wenn Tess partout kein Knuddeltyp ist und Sammy mit seinen Kuschel-Überfällen meist bei ihr scheitert, ist Tess die beste Freundin, die man sich wünschen kann. Auf sie ist hundertprozentig Verlass, und sie übernimmt oft die Aufgaben der anderen Cru-Mitglieder.

Tess' Stimme ist absolut umwerfend, ...

sie ist die Frontfrau der Band und spielt außerdem Akkordeon, Keyboard und Mundharmonika. Zusammen mit Alea und dem Rest der Alpha Cru hat sie schon mehrere Songs selbst geschrieben.
Anfangs sieht es so aus, als hätte Tess, die Piratenprinzessin, vor nichts Angst außer vor Möwen (seit sie als Kind von einer angegriffen und verletzt worden war). Irgendwann gibt sie jedoch zu, dass sie eigentlich ein richtiger Schisser ist und ihre Coolness eine Fassade, die sie sich zum Schutz aufgebaut hat. Mehr und mehr überwindet sie allerdings ihre Ängste, sogar die vor Möwen (Tante Hildegard sei Dank!), und das ist schließlich der Inbegriff von Mutigsein.

Tante Hildegard
STURMMÖWE

Tante Hildegard ist eine kleine und etwas pummelige Sturmmöwe, die eines Tages mit einem verletzten Flügel von Tess auf der *Crucis* gefunden wird. Da ihr Krächzen wie Schimpfen klingt, erinnert sie Sammy an die Schwester von Opa Ernst, die »voll lieb, schön mollig und immer am Schimpfen« ist. Und so tauft Tess die kleine Sturmmöwe auf den Namen Tante Hildegard.

Tess, die gerade erst ihre Angst vor Möwen überwunden hat, pflegt Tante Hildegard gesund. Seitdem sitzt die Möwe am liebsten auf Tess' Schulter und fühlt sich dort pudelwohl. Außerdem ist sie es, durch die das von Doktor Orion an Bord versteckte Anti-Magikum gefunden wird – das wilde Flügelschlagen Tante Hildegards löst den Behälter vom Mast der *Crucis*, und so kann er endlich entfernt werden.

Wenn ihr alles zu viel wird, meditiert Tess und bringt das auch Alea bei. Außerdem macht sie den weltbesten Chai-Tee mit Ingwer.

Tess war zunächst in Alea verliebt, mittlerweile sind die beiden aber »nur« noch sehr gute Freundinnen. Die große Liebe von Tess ist Kit (Kiara-Katharina), ein Meermädchen, das die Alpha Cru an einem Seitenarm der Elbe getroffen und in die Cru aufgenommen hat.

OPA: JABARI

OMA: NUBIA

PAPA: DAMIEN

Stammbaum Tess

OPA: Jean-Pierre

OMA: Imani

MAMA: Elodie

TESS

Mythologische Bedeutung der Bandennamen Alpha Cru

(Alea) Aquarius
Der Wassermann

Der Wassermann überlebte die Sintflut und wurde zum Stammvater der Menschen.

(Lennox) Scorpio
Der Skorpion

Der Skorpion ist das Sternbild des Kriegers. Der Überlieferung nach wird der Skorpion als Beschützer oder Krieger gesehen. Einige griechische Götter sollen ihn als Waffe benutzt haben.

(Benjamin) Libra
Die Waage

Die Waage ist das Sinnbild der Gerechtigkeit.

(Samuel) Draco
Der Drache

Der Drache ist der Überlieferung nach Hüter eines Schatzes.

(Tess) Taurus
Der Stier

Das Sternbild Stier liegt nördlich des Orion. Ihm wird nachgesagt, dass es aussieht, als würde der Stier mit gesenkten Hörnern auf Orion losgehen.

Meermenschen-
stämme

Adetari

Adetari sind Mischlinge aus Wanderern und Oblivionen. Sie vereinen in sich die Abenteuerlust der Wanderer und die Körperkraft der Oblivionen. Ihre besondere Gabe ist es sich zu vervielfältigen. Mit ihren Doppelgängern sind sie außerdem telepathisch verbunden, sofern sie nicht zu weit voneinander entfernt sind. Sie haben sehr farbintensive, blaugrüne Augen.

Bekannte Vertreter: Evelin

Anschu

Anschu kümmern sich um die Strömungen des Meeres. So beschützen sie Städte und Dörfer der Meermenschen vor heftigen Strömungen, die etwa bei Tsunamis und Erdbeben auftreten. Wenn sie mit gespreizten Fingern durchs Wasser fahren, beruhigen sich auch die größten Wellenberge. Wenn sie ihre Hände auseinanderschieben, bilden sich im Wasser freie Rinnen. So teilten sie früher zum Beispiel das Wasser für die Landgänger, denen es dadurch möglich war, Meermenschen auf dem Grund eines Sees zu besuchen. Anschu haben wunderschöne, grüne Muster auf der Haut, die wie

Blumenranken aussehen. An Land sehen die Muster allerdings wie grünliche, schuppige Haut aus, weswegen Landgänger-Ärzte es oft für eine schwere Form von Neurodermitis halten.

Bekannte Vertreter: Zuzana, Yasin

Brim

Brim können große Hitze aushalten, daher ist es ihre Aufgabe, mithilfe von Sengbohnen den Müll in den Meeren zu entsorgen. Außerdem sind sie dafür zuständig, die Toten zu vaporisieren.

Auf dem rechten Unterarm haben sie ein Mal, gleich unter dem Handgelenk – eine Flamme in einem geschlossenen Kreis. Es ist das Zeichen der Brim. Für Landgänger sieht es aus wie eine sehr ungewöhnliche Narbe.

Bekannte Vertreter: Kit

Darkoner

Darkoner sind Wächter und Krieger und so etwas wie die Polizisten der Meerwelt. Sie sind starke und kluge Verfechter von Recht und Ordnung und die Bewahrer des ozeanischen Friedens. Darkoner spüren Gretzer auf und sorgen dafür, dass diese ihren Giftmüll gar nicht erst abladen können. Sie können extrem gut hören und sind schnell, präzise und stark. Sie greifen niemals grundlos an und arbeiten oft mit den Oblivionen zusammen.

Darkoner haben nachtschwarze Haut und leuchtend helle Augen, wodurch sie sehr erhaben aussehen.

Bekannte Vertreter: Siska, Zeirus

Havanian

Havanians sind Wohltäter, die sich um die Armen kümmerten.
(Diesen Stamm gibt es nicht mehr.)

Hoa

Hoa sind Nahrungsmittelhersteller und Mahlzeitenkünstler,
wie etwa Bäcker oder Salatmacher.

Kendarer

Kendarer sind Geschichtenbewahrer. Sie können sich problemlos
ellenlange Erzählungen oder sogar ganze Gedichtzyklen merken
und diese wortwörtlich wiedergeben. Sie haben Stimmen, deren
Klang andere in ihren Bann zieht.
Bekannte Vertreter: Artama, Falhaller

Lorka

Lorka sind Händler und sorgen dafür, dass die Waren der Quinks
unter die Leute kommen. Sie haben sechs Zehen an jedem Fuß
und sechs Finger an jeder Hand und können außergewöhnlich gut
rechnen. Ihre Haut ist gelblich.
Bekannte Vertreter: Ravenna

MARMULLA

Marmullas sind Lehrerinnen und Pädagogen. Kinder lieben Marmullas, ihre Herzen fliegen ihnen förmlich zu. Denn das Lachen einer Marmulla ist so ansteckend, dass man sich in ihrer Gegenwart immer sofort wohlfühlt. Sie haben außerdem viel mit den Finde-Finjas zu tun, die für lernende Kinder regelmäßig neue Lernstätten und Herausforderungen finden.

OBLIVION

Oblivionen sind Beschützer und Krieger. Sie verfügen über die Gabe, Landgänger vergessen zu lassen und ihnen so ihre Erinnerung zu nehmen. Für Landgänger sind sie zunächst »unsichtbar« und fallen ihnen nicht auf, außer jemand macht auf einen Oblivion aufmerksam.

Oblivionen beschützen vor allem Magische vor der Entdeckung durch Landgänger. Erst wenn sie mit einer Bedrohung konfrontiert werden, werden sie zu Kriegern. Sie arbeiten oft mit den Darkonern zusammen und haben azurblaue Augen.
Bekannte Vertreter: Lennox, Xenia, Nexon, Xalia

Omarion

Omarion sind Visionäre und Rebellen. Sie führen die Völker immer wieder auf neue Wege. Viele Elvarionen gehören den Omarion an. Sie verfügen über einen hohen Grad an Intelligenz und haben außerdem ein besonderes Muttermal zwischen den Augenbrauen, das die Form einer Sonne hat.

Quinks

Quinks sind Hersteller und Handwerker. Sie nähen, zimmern, schmieden. Wie die Lorka haben sie sechs Finger und sechs Zehen, allerdings mit schwarzen Fingernägeln.

Roix

Roix sind Heiler. Mit ihrem Innensichtblick können sie Krankheiten erkennen und Meermenschen dadurch besonders gut heilen. Denn sie erkennen die Erkrankung durch ihren besonderen Blick oft in einem sehr frühen Stadium.
Bekannte Vertreter: Ramin, Orion

Schai

Schai sind Künstler. Sie fertigen wunderschöne Gemälde an, schreiben stimmungsvolle Gedichte und fesselnde Geschichten, hauen bombastische Skulpturen aus bloßem Stein und erschaffen die fantastischsten Lieder. Sie haben leuchtend blaue Haare. Für Landgänger sieht es so aus, als seien die Haare gefärbt.

Sentross

Sentross sind Zahlungsmittel-Verwalter und Eintreiber.
(Diesen Stamm gibt es nicht mehr.)

Topster

Topster sind Comedians. Sie sind sehr angesehen, da Spaß generell in der Meerwelt als sehr wichtig betrachtet wird. Man erkennt die Spaßmacher an ihrer Glatze.

Utamar

Utamaren sind politische Oberhäupter und Entscheider. Die Bürgermeisterin fast jeder Stadt ist eine Utamarin. Sie haben bläuliche Ohren und schwarzblaue Haare.
Bekannte Vertreter: Ivarr

Valerianer

Valerianer sind Therapeuten oder Psychiater. Sie kümmern sich um Herzensangelegenheiten und sind gute Zuhörer.

WANDERER

Jeder Schwarm und jede wandernde Meeres-Tiergruppe hat ihre eigenen Wanderer. Diese begleiten die Tiere und kümmern sich um sie. Wanderer können geheime Botschaften an andere Wanderer verschicken oder Magische zu Hilfe rufen, die sich in der Nähe befinden (Zavana Ravanda). Im Wasser können Wanderer die Farben und Formen des Meeres sehen – das »Stimmungsspiel« anderer.

Es gibt verschiedenste Wanderer-Stämme, zum Beispiel Lachswanderer, die ihre Schützlinge zu den Stellen begleiten, an denen sie gefahrlos ablaichen können. Der Stamm der Walwanderer begleitet Wale auf ihren Reisen durch die Ozeane. Während eines Trosk (Reise mit dem wandernden Tierschwarm) werden sie oft von Oblivionen begleitet. Wanderer haben klargrüne Augen.
Bekannte Vertreter: Nelani, Keblarr, Alea, Thea, Mio

Zalti

Zalti sind Bauern. Sie verfügen über immense Körperkraft und bestellen riesige Felder. So sorgen sie dafür, dass die Meermenschen etwas zu essen haben.

Bekannte Vertreter: Isla

Alea Aquarius

Songtexte

Hinterm Wasserfall

Wo kannst du sein? Fühlst du dich allein?
Hältst dich fern von der See
und doch hast du Heimweh
Sie sagen dir, pass auf,
nimm kein Risiko in Kauf
Das Wasser bringt dich sonst um,
doch dein Herz fragt warum

Refrain:
Gehörst du dazu,
komm zur Alpha Cru
Wir segeln um die Welt von Island nach Peru
Sag, träumst du vom Meer,
vermisst du die See so sehr
Fühlst du in dir den Widerhall,
triff uns hinterm Wasserfall

Zwischen Fingern und Zehen
ist dein wahres Ich zu sehen
Man sieht´s hinter den Ohren –
du bist anderswo geboren
Ein Geheimnis tut weh,
wenn man es nicht versteht
Und der Ozean ruft,
weil nur er dich erschuf

Refrain:
Gehörst du dazu,
komm zur Alpha Cru
Wir segeln um die Welt von Island nach Peru
Sag, träumst du vom Meer,
vermisst du die See so sehr
Fühlst du in dir den Widerhall,
triff uns hinterm Wasserfall

Tief in dir spürst du das Meer –
als ein Teil von dir

Schließ dich uns an, komm hierher –
Zeit heimzukehren

Refrain (2x)

Text: Tanya Stewner
Musik: Guido Frommelt, Tanya Stewner

Fünf

In Amsterdam, in Edinburgh, in Reykjavik,
überall auf der Welt
Spielen wir auf den Straßen und in Strandcafés,
bleiben wo's uns gefällt
Das Herz schlägt mir bis zum Hals,
gleich ist hier die Luft voll Musik
Will endlich spielen,
ich schnall mir die Gitarre um,
kommt schon Leute, los geht's
Kommt schon Leute, los geht's …

Refrain:
Alle sollen uns hören,
wir Fünf sind für das hier gemacht
Unser Song klingt durch die ganze Stadt
(E-E-Eyo-Ba-Ba-Eyo)
Alle sollen uns hören,
wir spielen bis tief in die Nacht
Haben die Welt zur Tanzfläche gemacht
(E-E-Eyo-Ba-Ba-Eyo)

Ich steh ganz vorn, nur ich und mein Akkordeon,
ich lieb es, wie die Leute schauen
Und wenn ich sing,
dann drehen sich alle Köpfe um,
als könnten sie ihren Ohren nicht trauen
Musik erreicht jedes Herz, egal in welchem Land,
welcher Stadt
Wir stehen hier und keiner kommt an uns vorbei,
weil keiner diesen Sound hat

Kommt schon Leute, los geht's …

Refrain:
Alle sollen uns hören,
wir Fünf sind für das hier gemacht
Unser Song klingt durch die ganze Stadt
(E-E-Eyo-Ba-Ba-Eyo)
Alle sollen uns hören,
wir spielen bis tief in die Nacht
Haben die Welt zur Tanzfläche gemacht
(E-E-Eyo-Ba-Ba-Eyo)
Und in der Luft, da liegt Magie
Bleibst du nicht stehen, spürst du sie nie …

Kommt schon, Leute, los geht's

Refrain

Und in der Luft, da liegt Magie …

Text: Tanya Stewner
Musik: Guido Frommelt, Tanya Stewner

Nicht länger leise

Was ist geschehen, wo führt der Sommer hin
Bin ich noch dieselbe, die ich war
Mein Herz blieb stehen
und schlug ein anderes Lied
Laut fauchend wie ein Jaguar

Und ich renne, renne, renne,
renne nicht länger davon
Hab jetzt genug vom Ängstlichsein
Denn ich brenne, brenne, brenne,
brenn für das, woran ich glaub
Zeit ich selber zu sein

Refrain:
Ich werd jetzt aufstehen, hinausgehen
Kein Zögern, kein Zurück
Nicht länger leise, auf meine Weise
find ich den Weg zum Glück

Hätt nie gedacht, dass ich 'n Kämpfer bin
Doch plötzlich singt mein Herz mit mir im Takt
Bin aufgewacht, es liegt an mir allein
Was ich aus der Musik in mir mach

Und ich renne, renne, renne,
renne nicht länger davon
Hab jetzt genug vom Ängstlichsein
Denn ich brenne, brenne, brenne,
brenn für das, woran ich glaub
Zeit ich selber zu sein

Refrain:
Ich werd jetzt aufstehen, hinausgehen
Kein Zögern, kein Zurück
Nicht länger leise, auf meine Weise
find ich den Weg zum Glück

Wer weiß den Weg, wenn ihn noch niemand ging
Ich muss nur meinem Herz vertrauen
Und ich kenne, kenne, kenne,
kenne nichts von dem, was kommt
Trotzdem bin ich bereit

Refrain

Text: Tanya Stewner
Musik: Guido Frommelt, Tanya Stewner

45

Straßenjunge

Bloß raus da, dableiben kann ich nicht
Die Welt ist aus dem Gleichgewicht
Kein Zuhause mehr
Wohin jetzt, gibt es `n Platz für mich
Wer hilft, wenn dein Herz zerbricht?
Die Stadt kennt kein Mitleid

Jetzt steh ich hier und weiß nicht weiter
Die Schatten rufen mich
Hey Straßenjunge, wo willst du hin?

Refrain:
Und die Straße führt ins Nichts,
Tunnelende ohne Licht
Schau der Nacht ins Angesicht
Und die Straße führt ins Nichts,
Lebenslinie auf ewig verwischt
Leben ohne Zuversicht

Hier draußen bricht bald die Nacht herein
Der Himmel im Sternenschein
Mir war noch nie so kalt
Nein … nein, ich werd nicht nach Hause
gehen
Wie kann ich das Schicksal drehen?
Wie schaff ich's hier draußen?

Jetzt steh ich hier, kann nicht gewinnen
Der Regen lacht mich aus
Hey Straßenjunge, wo willst du hin?

Refrain

Und ich such mir `n Platz,
ein Jungenzimmerersatz
Unter der Brücke am Fluss,
mein neuer Luxus
Ich spiel Gitarre und sing,
unsichtbar, wie ich bin
Bin ich der Welt jetzt egal
und leb von Diebstahl

Und die Straße führt ins Nichts,
Tunnelende ohne Licht
Schau der Nacht ins Angesicht

Straßenjunge, lauf!
Verlier die Hoffnung nicht und gib niemals auf
Straßenjunge, lauf! Glaub an Morgen
Straßenjunge, lauf!
Denn irgendwann geht es wieder bergauf
Straßenjunge, lauf! Gib nicht auf

Text: Tanya Stewner
Musik: Guido Frommelt, Tanya Stewner

Zu dir

Nachts, wenn ich nicht schlafe
träume ich mich fort zu dir
Siehst du grad auch in die Sterne?
Ahnst du was und spürst du mich?
Ich denk immerzu an dich
Doch vielleicht bleibt es für immer ein Traum
Gefangen zwischen Zeit und Raum

Refrain:
Zu dir, zu dir
Wird es je geschehen, wirst du bei mir sein?
Zu dir, zu dir
Ich frag mich, bist du ohne mich
nicht auch allein?
Und ich rufe dich: Fühlst du mich?

Tief in meinem Herzen ist `ne weiße Seite frei
Dorthin will ich was schreiben
Doch ich weiß nicht, ob das geht
Ob das Schicksal uns versteht
Kommen wir zusammen,

kann es jeder gleich sehen
Nichts kann zwischen uns beiden stehen

Refrain

Zu dir, zu dir, wann bist du erst hier bei mir
Und schwimmst mit mir unter dem Wind
Wenn eine neue Zeit beginnt

Refrain:
Zu dir, zu dir
Wird es je geschehen, wirst du bei mir sein?
Zu dir, zu dir
Ich frag mich, bist du ohne mich
nicht auch allein?
Und ich rufe dich: Fühlst du mich?

Text: Tanya Stewner
Musik: Guido Frommelt, Tanya Stewner

Die
Magischen

Finde-Finja, die

Aussehen:

Eine Art »Korallenbäumchen« mit verästelten Zweigen, die jedoch wie die Arme eines Kraken durchs Wasser wedeln. Die Finde-Finja sieht aus wie ein kleiner Baum mit unzähligen Augen (schwarze Punkte an den Verästelungen).
Alle Finde-Finjas haben unterschiedliche Farben.

Eigenschaften:

Finde-Finjas finden. Sie sind miteinander vernetzt und können so ihr Wissen weitergeben. Generell beantworten sie keine Fragen, sondern führen einfach zum Gesuchten. Nur bei Alea machen sie eine Ausnahme.

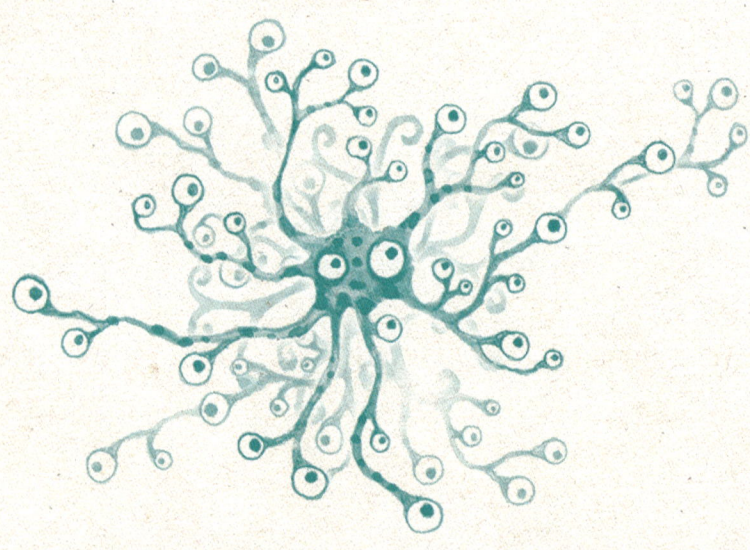

Gilf, der

Aussehen:

Eine gedrungene Kreatur, kaum einen Meter groß, mit runzligem Gesicht. Der Kopf erinnert an eine Echse, z. B. an ein Chamäleon oder einen Leguan. Läuft auf zwei Beinen, hat eine Art Echsenschwanz und Krallenhände. Im Nacken sitzen Stacheln. Hat scharfe Zähne.

Eigenschaften:

Gilfen sind Abbildungs-Spezialisten. Sie können Botschaften speichern, sind technisch äußerst begabt und große Baumeister (sie können z. B. ganze Städte bauen und Dinge reparieren). Jedoch haben Gilfen wenig Eigenantrieb, sie brauchen die Meermenschen, damit diese sie an das Wesentliche erinnern. Sie sind viel hilfsbereiter, als es zunächst den Anschein hat.

Grahnqualle, die

Aussehen:

Kann wie eine normale Qualle aussehen und fällt den Landgängern dann nicht weiter auf. Wenn sie allerdings in ihre Kraft kommt, leuchtet ihr Inneres, milchig-schimmerndes Licht geht von ihr aus, als wäre eine ganze Galaxie in ihr verborgen.

Eigenschaften:

Grahnquallen können mit der Kraft ihres Willens ganze Städte vernichten. Sind sehr mächtig und sehr scheu und leben in den tiefsten Tiefen der Ozeane. Nachdem der Meermenschen-Stamm der Brim ausgestorben war, haben die Grahnquallen die Aufgabe übernommen, die Toten, die dem Virus zum Opfer gefallen waren, zu vaporisieren.

Helms, der

Aussehen:
Eine kleine Feuergestalt, flackernde Arme und Beine, blau fun-
kelndes Gesicht und leuchtender Helm, aus dem bläuliche Blitze
hervorzucken.

Eigenschaften:
Helmse sind Gewitterhüter, sie beschützen das Meer bei Gewitter vor
Blitzen, indem sie mit den eigenen Flammen ein Gegenfeuer bilden,
das wie eine Schutzhülle wirkt und Wohnstätten von Magischen
sichert. Früher haben Helmse auch die Meermenschen beschützt.

Isibelle, die

Aussehen:

So groß wie ein junger Vogel, flimmernder, zierlicher Körper, langes luftiges Wolken-Haar, lange Arme und Beine, die sehr dünn und zart wirken, jedoch starke Schwimmhäute zwischen Fingern und Zehen. Sieht aus wie eine Reiterin auf einem Fisch.

Eigenschaften:

Isibellen sind die Hüterinnen der Flüsse. Sie wirken meist eher schüchtern und ein wenig kindlich. Isibellen können das Wasser nicht gänzlich verlassen – höchstens bei einem Luftsprung mit ihrem Reitfisch –, denn wenn die Luft sie vollständig erfasst, zerfallen sie zu Staub.

Jaria, die

Aussehen:

Sieht aus wie kleiner, papierdünner Tupfen, strahlt zart und macht ein verwunschenes Licht in der Meerestiefe. Schneeflockenartiges Geschöpf, das nur im Chor (in der Gruppe) auftritt.

Eigenschaften:

Jarias sind einfach nur da. Wer sich bei ihnen ausruht, dessen Seele heilt.

Kra, der

Aussehen:

Krötenähnlicher Körper mit menschlichen Armen. Kopfform ebenfalls froschartig, Gesicht mit menschlichen Zügen. Augen sitzen eher seitlich, breiter Mund. Haben eine sehr lange Zunge.

Eigenschaften:

Kras sind die Wächter der Seen, Teiche und Tümpel. Sie besitzen ein forsches, neugieriges Wesen. Insekten sind die Leibspeise der Kras. Mit ihrer langen Zunge fangen sie sogar Fliegen im Flug.

Kobold, der

Aussehen:

Kleine knallbunte Kreatur, abstehende Haare, riesige Knollennase, schuppige Haut, die farbig leuchtet, zusätzlich zu kurzen Beinen langer Fischschwanz, der sich im Wasser schlängeln kann. Kopf, Arme und Beine wie beim Menschen. Ihr Herz befindet sich in der Nase.

Eigenschaften:

Kobolde sind gerne mal frech und vorlaut. Sie beißen Widersacher in die Nase, können aber auch aus Sand wunderschöne Sand-Bilder malen und mit ihren Körpern meterhohe Trugbilder (z. B. eines Monsters) erschaffen. Kobolde besitzen außergewöhnlichen Mut und Schnelligkeit. Als Klabautermänner sind sie auf Schiffen unterwegs, wo sie der Besatzung häufig Streiche spielen, das Schiff aber auch beschützen.

Lafora, die

Aussehen:

Formloses, riesiges Wesen, wie schwarzer Nebel, der emporsteigt und immer dichter wird. Zwei erkennbare Augen.

Eigenschaften:

Laforas tauschen und wechseln Dinge aus, die normalerweise nicht getauscht oder ausgewechselt werden können. Sie haben die Fähigkeit, zwei Menschen z. B. das Geschlecht oder die Stammeszugehörigkeit samt Eigenschaften tauschen zu lassen.

Außerdem können Laforas dies mit Gefühlen und Seelenzuständen tun und haben sich durch diese Fähigkeit zu Gerichten der Meerwelt entwickelt: Sie sind nämlich in der Lage, Verbrecher die Gefühle ihrer Opfer fühlen zu lassen. Dadurch erleben die Übeltäter am eigenen Leib, was sie angerichtet und welchen Schaden sie bei anderen verursacht haben.

Nixe, die

Aussehen:

Frau mit langen schneeweißen Haaren, türkisfarbener Haut, tiefen Falten im Gesicht und glitzerndem Fischschwanz. Extrem muskulös, an den Schläfen verschlungene Zeichen. Blausilberne Augen, trägt dreizackigen Speer in der Hand.

Eigenschaften:

Nixen sind Kriegerinnen. Sie bekommen nur einmal in ihrem Leben ein (weibliches) Kind (Ausnahme: Cassaras), und das ohne jedes Zutun eines Mannes.

Diese Magischen verabschieden und grüßen sich auf eine besondere Art, schlagen sich dabei mit einer kämpferischen Geste auf die Brust und neigen den Kopf, um Respekt zu zollen.

Nixen haben aber auch eine weiche Seite, z.B. leiden sie sehr darunter, dass es ohne die Meermenschen keine Musik mehr gibt.

Pudelpfuhler, der

Aussehen:
Erinnert an mopsigen Maulwurf ohne Fell. Lange, vorstehende Zähne, unförmige Schaufeltatzen und rosafarbene Haut, die im Nacken pralle Falten wirft.

Eigenschaften:
Pudelpfuhler halten das Grundwasser sauber und pfuhlen gern in Pfützen. Sie leben tief unter der Erde, immer in der Gruppe und sind meistens sehr fröhlich.

Schweige-Schamir, der

Aussehen:
Ähnelt einem großen Krebs mit acht Beinen und scharfzackigen Scheren. Oberkörper wie der eines Menschen, spitze Ohren.

Eigenschaften:
Schweige-Schamire leben am Nordpol und haben seit Jahrtausenden nicht mehr gesprochen. Sie sind die Hüter des Goldumhangs, den sie Alea schließlich anvertrauen.

Seh-Saffier, der

Aussehen:
Sieht aus wie eine Art blau funkelnder Tausendfüßler mit einem sehr großen Kopf, glitzernde Schuppen, die bei jeder Bewegung aneinanderstoßen und klirren. Mindestens sechs Meter lang, ist das schnellste Unterwasserwesen, kein anderes erreicht ein solch hohes Tempo.

Eigenschaften:
Seh-Saffiere sehen dir ins Herz und erkennen deine Seele. Sie treten in der Regel zu dritt auf.

Skorpionfisch, der

Aussehen:
Breitmäuliger, glupschäugiger, stacheliger Fisch, je nachdem wie man ihn betrachtet, sieht er anders aus.

Eigenschaften:
Skorpionfische sind die Meister der Tarnung. Sie schützen die Spuren und Relikte der Meermenschen vor der Entdeckung durch Landgänger. Sie können alles tarnen (außer Lebewesen), sogar ganze Städte, und sind in der Lage, auch außerhalb des Wassers sehr lange auszuhalten. Skorpionfische gehorchen den Oblivionen, die sie dazu benutzen, Dinge zu schützen und zu tarnen.

Tasfar, der

Aussehen:

Großes Pferd mit Schwingflossen/Flügelflossen, rabenschwarzer, glänzender Körper. Schwingen bestehen aus fedrigen, grau schimmernden Schuppen, anstelle von Hinterläufen gebogener Schwimmschwanz wie ein Seepferdchen. An Land werden diese aber zu normalen Pferdebeinen, und ein Tasfar erinnert dann an einen großen Pegasus.

Eigenschaften:

Tasfaren sind Überbringer von Prophezeiungen, Orakeln und Omen. Sie sind sehr scheu und wollen nicht direkt angesehen werden. In der Regel kommen sie nur, wenn man das Lied der Tasfaren singt. Gewöhnlich sprechen sie in Reimen, haben keine Häuser oder Städte, da sie nichts brauchen. Tasfaren geben Hinweise auf die Zukunft, orakeln, den Inhalt ihrer Botschaften bekommen sie von der Talassiopa. Sie greifen aber selten aktiv ein und geben häufig Rätsel auf.

Warkan, der

Aussehen:
Oktopus-ähnlich, ca. vier Meter langer Körper und ca. sieben bis acht Meter lange Fangarme, dunkle Haut und gelbe Augen.

Eigenschaften:
Warkane sind die Soldaten der Nixen, Meeresmonster mit großer kämpferischer Kraft. Jede Nixe hat einen eigenen Warkan, den nur sie rufen kann.

Wribbel, der

Aussehen:

Etwa so groß wie ein Fußball, knuffiges Aussehen (wie ein putziger Teddybärenkopf ohne Ohren), wuscheliges Fell in unterschiedlichen Farben (von hellbraun über rot- bis dunkelbraun), freundliche Knopfaugen, gewaltiges Gebiss und riesengroßer Mund mit scharfen Zähnen.

Eigenschaften:

Wribbels fressen Giftstoffe wie Öl und Benzin, die im Meer äußerst großen Schaden anrichten, sowie auch Reifen, Fischernetze und vieles andere. Sie hatten verschiedene Aufgaben, haben den Meermenschen z. B. geholfen, Finde-Finjas zu rufen, waren Moosbelagfresser, Flex-Polierer, Schlafgurt-Einsteller, usw. … Wribbels lieben außerdem Musik.

TASFAR

CRUCIS

FUSSEL

DELFINE

ISIBELLEN

NIXEN

KOBOLDE

Wal

Warkan

Skorpionfisch

Seh-saffier

Tasfar

Gilf

Finde-finja

lea

Die Lennlea-Story

21. Juni:

Alea ist noch nicht lange Teil der Alpha Cru, als sie in Amsterdam auf Lennox trifft, der dort als Straßenjunge lebt. Nachdem die Cru bei einem Bandauftritt etwas Geld verdient hat und sich auf den Weg macht, um in einem Restaurant etwas zu essen, entdeckt Alea Lennox unter einer Meerjungfrauenstatue, wo er Gitarre spielt. Außer Alea fällt er niemandem auf, und sie muss ihre Freunde erst auf ihn aufmerksam machen. Vom ersten Augenblick an ist Alea von Lennox verzaubert und bekommt eine Gänsehaut von seinem traurigen Lied.

Das Meermädchen merkt sofort, dass an dem Jungen etwas Besonderes ist. Als sich ihre Blicke begegnen, glaubt Alea, dass er ihr direkt in die Seele schaut. Lennox hingegen ist irritiert, dass es jemanden gibt, der ihn nicht übersieht. Und noch erstaunter ist er, als er die Alpha Cru die Begegnung vergessen lassen will und feststellen muss, dass seine Gabe bei Alea nicht funktioniert. Verwirrt macht er sich davon, doch kurz darauf sieht Alea ihn an einer Häuserecke wieder und folgt ihm.

Alea lief so schnell wie noch nie in ihrem Leben. Ihr Verstand konnte keine Erklärungen liefern, aber ihr Gefühl sagte ihr ganz deutlich, dass dieser Junge wichtig war, dass er bedeutend war – dass ihr Leben durch die Begegnung mit ihm in seinen Grundfesten erschüttert war und für immer verändert sein würde. Nie wieder würde sie dieselbe sein. Seinetwegen.

Unter einer Brücke macht Lennox halt, denn auch er ist vom ersten Blickkontakt an von dem Mädchen fasziniert und entscheidet, nicht länger davonzulaufen. Im Gespräch erfährt Alea seinen Namen und dass er auf der Straße lebt. Es gelingt ihr, ihn zu überreden, sich der Alpha Cru anzuschließen.

Die Freunde sind gerade auf dem Weg nach Renesse, einem kleinen Ort in Holland, in dem Aleas Pflegemutter Marianne das Mädchen damals aufgenommen hatte. Sie erhoffen sich, dort mehr über Aleas Herkunft zu erfahren.

22. JUNI:

Im Laufe der nächsten Tage lernen sich Alea und Lennox näher kennen. Als das Meermädchen einen Tauchgang macht, hat Lennox sofort das Gefühl, dass er sie beschützen und zur Stelle sein muss, sollte Alea in Gefahr geraten. Obwohl kaltes Wasser für ihn sehr gefährlich ist (in der Vergangenheit ist er bereits einige Male daran erkrankt), wartet Lennox stundenlang im Regen an Deck auf ihre Rückkehr. Weil er daraufhin Fieber bekommt und sehr krank wird, versorgt ihn Alea mit dem rettenden Rotfarntee und steht ihm bei.

Nach einer Weile wurde Lennox ruhiger, sein Atem tiefer. Dann schlief er ein. Alea konnte sich ein wenig entspannen. Sie hatte das Gefühl gehabt, Lennox' Qual am eigenen Leib zu spüren und sich vor Schmerzen selbst kaum bewegen zu können. Doch nun atmete sie auf und lehnte sich zurück. Lennox' Kopf lag noch immer auf ihrem Schoß, aber sie wollte sich gar nicht von ihm befreien. Sie wollte einfach so sitzen bleiben. Und das tat sie. Die ganze Nacht.

23. JUNI:

Nachdem Lennox sich erholt hat, setzt die Alpha Cru ihre Reise fort und erreicht schließlich Renesse, wo Alea durch Lennox' Hilfe im Jugendamt in Erfahrung bringt, dass damals am gleichen Tag ein weiteres Kind an Landgänger übergeben wurde.

Kurz darauf entdecken sie am Strand einen toten Wal, aus dessen Bauch neben einer großen Menge Plastik eine geheimnisvolle Schneekugel zum Vorschein kommt. Seltsamerweise können nur Alea und Lennox die rätselhafte Schrift darauf erkennen:

Ihr, die ihr dies lesen könnt, kommt nach Loch Ness.

Die Alpha Cru ist sofort einverstanden, dem mysteriösen Spruch nachzugehen, und so hissen sie die Segel und reisen gen Schottland.

~~~~~~

30. Juni:

Ben gerät über die seltsamen Begebenheiten um Alea und Lennox immer mehr ins Grübeln und teilt schließlich mit Alea seine Vermutung, dass sie und Lennox Geschwister sein könnten. Denn die Ähnlichkeiten zwischen beiden sind nicht von der Hand zu weisen, und da sie in Renesse erfahren haben, dass Aleas Mutter damals ein weiteres Kind an Landgänger übergeben hat, vermutet Ben, dass dieses Kind Lennox gewesen sein könnte. Alea ist wie vor den Kopf geschlagen, denn sie empfindet für das neue Bandenmitglied mittlerweile sehr viel mehr als für einen Bruder.

In ihrem Kopf tobte ein Gedankensturm. Konnte es sein? War Lennox tatsächlich ihr Bruder? Sie drückte das Gesicht tiefer ins Kissen und stellte dabei fest, wie gut es roch. Nach Weite, nach Wärme, nach Wasser. Dann wurde ihr klar, dass sie sich wohl Lennox' Kopfkissen geschnappt hatte. Sie zuckte zurück und starrte es an. Sie durfte sich nicht daran schmiegen! Der Gedanke tat weh, und Alea versuchte krampf-

haft, die aufkommende Verzweiflung niederzukämpfen.
Doch sie verlor den Kampf, und schließlich weinte sie
heiße Tränen in Lennox' Kissen.

4. Juli:

In Schottland angekommen, machen sich Lennox und Alea
zu zweit auf den Weg nach Loch Ness, genauer zur Unterwasserstadt Rach Turana, um dort mehr über ihre Herkunft
zu erfahren. Sie hoffen, dass sich Bens Vermutung nicht be-
stätigt, denn auch Lennox hat Gefühle für Alea.

Auf ihrer Reise durch die schottischen Highlands kommen
sie sich auch körperlich näher und halten sich in der Nacht
unter freiem Himmel gegenseitig warm. Voller Scham versteckt
Alea am nächsten Morgen ihre Knubbel (Raffnarben) an den
Füßen, woraufhin ihr Lennox gesteht, dass er sie schön findet.

»Weißt du eigentlich, wie schön du bist?«, fragte Lennox
leise. Für einen kurzen Augenblick stand Aleas Herz still.
»Alles an dir ist schön.« Seine Stimme war sanft.
»Deine grünen Augen, deine schwarzen Haare, dein Lächeln,
dein Duft, deine Hände …«
Alea konnte kaum glauben, dass er das gerade wirklich sagte.
»Du bist unfassbar hübsch, und ich mag alles an dir.
Ich kann mir nicht vorstellen, dass deine Füße da eine Aus-
nahme sind.« Alea stiegen Tränen in die Augen, und eine
rann ihr über die Wange. Lennox wischte sie mit seinem
Ärmel fort. »Ich hätte dir das wahrscheinlich gar nicht sa-
gen dürfen.« Er lachte traurig. »Aber ich will nicht, dass du
denkst, irgendetwas an dir könnte hässlich sein.«

5. Juli:

Am nächsten Morgen erreichen sie Loch Ness, und mithilfe der Schneekugel offenbart sich ihnen ein magischer Tunnel, der sie in die Unterwasserstadt Rach Turana bringt. Dort erfahren sie von der weisen Meerfrau Artama, dass sie nicht Bruder und Schwester sein können, da sie unterschiedlichen Meermenschenstämmen angehören und keine Adetari sind. Aleas Erleichterung ist groß, und gleichzeitig wächst ihre Aufregung. Lennox offenbart ihr daraufhin seine Gefühle, und Alea ist überglücklich.

>»Ich wäre gern dein Freund«, sagte Lennox. Aleas Herz schlug so wild, dass es fast wehtat. »Boyfriend, not friend«, fügte er mit einem kleinen Grinsen hinzu, und diesen Unterschied verstand Alea ganz genau. Sie wollte auch, dass er nicht nur ein Freund war, sondern ihr Freund. »Ja«, erwiderte sie. »Ich wäre auch gern deine Freundin. Your girlfriend.«

Sie kehren als Paar zu ihren Freunden auf die *Crucis* zurück. Da Alea in Rach Turana erfahren hat, dass ihr Vater Keblarr den Wasservirus überlebt hat und sich vermutlich in Island befindet, hisst die Alpha Cru erneut die Segel und reist gen Norden.

---

11. Juli:

An Bord des Schiffes ist nicht viel Platz für Zweisamkeit, und so kommen sich Lennox und Alea nur langsam näher. Sehr schnell wird ihre Liebe auf eine erste Probe gestellt. Denn während Tess und Alea zusammen den Song »Zu dir« schreiben, stellt sich heraus, dass Tess in Alea verliebt ist und aufgrund des Songtextes annimmt, Alea würde ihre Gefühle erwidern.

In dem Moment, als Tess Alea küsst, steht Lennox in der Nähe und missversteht die Situation.

Lennox stand neben dem Deckshäuschen.
Er sah sie fassungslos an. Er hatte doch wohl nicht ... O nein!
Wie in Zeitlupe schüttelte Alea den Kopf.
Lennox musste den Kuss gesehen haben! Seinem Gesichts-
ausdruck zufolge fiel er gerade aus allen Wolken.
Er taumelte rückwärts.
»Lennox!«, rief Alea gellend.
Aber er drehte sich schon um und stolperte zum Bug,
sprang über die Reling und verschwand im Meer.

13. JULI:

Obwohl Alea Lennox über die Situation aufklärt, kommt es etwas später bei einem Straßenauftritt der Alpha Cru zum Eklat. Alea und Tess singen gemeinsam »Zu dir«, woraufhin Lennox erneut vermutet, Alea wäre in Tess verliebt. Traurig und zutiefst enttäuscht läuft er davon. Alea geht ihm nach und kann ihn schließlich davon überzeugen, dass ihr Herz ausschließlich für ihn schlägt. Nach der Aussprache küsst sie ihn zum ersten Mal.

Es war schöner, als sie gedacht hatte. Viel schöner. All die
Gedanken, all die Sorgen, die Alea sich ums Küssen gemacht
hatte, waren vergessen, als ihre und Lennox' Lippen sich
trafen. Lennox schmeckte nach Weite, nach Wärme, nach
Wasser. Alea hätte für immer in diesem Gefühl schwimmen
können, das sie mit sich riss wie eine süße Flut.

30. Juli:

Eines Nachts, als Alea Wache am Steuerrad hält, kommt Lennox dazu und gesteht ihr seine tiefen Gefühle. Gemeinsam blicken sie in die Sterne und erklären Polaris zu »ihrem« Stern. In dieser romantischen Nacht schreiben sie den Song »Sternenklar«.

Lennox beugte sich vor. Sein Gesicht war nur noch eine halbe Armlänge entfernt. »Ich bin dein« … Er schien nach einem Wort zu suchen, das mehr sagte als Freund oder boyfriend. »Ich bin dein«, wiederholte er dann. Damit war der Satz auf die bombastischste Weise beendet.

12. August:

Um ungestört zu sein, gehen die beiden sehr gerne auf gemeinsame Tauchgänge. Hier sind sie ganz in ihrem Element, und wenn sie sich unter Wasser küssen, fühlt sich alles noch intensiver und schöner an. So passiert es, dass sich eines Tages beim Küssen unter Wasser ein regelrechter Wirbel um Alea und Lennox herum bildet. Es ist ein sogenannter Bussitunnel.

Alea wartete ihre Verwandlung kaum ab, bevor sie Lennox küsste. Er erwiderte den Kuss sofort und umschlag sie mit den Armen. Ihn unter Wasser zu küssen, fühlte sich für sie noch intensiver an als an Land. Es war, als könnte sie seine Wärme, die Weite und das Wasser in ihm mit allen Sinnen wahrnehmen. Das Gefühl war so stark, dass sie sich vollständig darin verlieren wollte. Plötzlich war die Wirbelwolke, die sie soeben auf der Couch gespürt hatte, wieder da, und mit einem Mal fühlte Alea sich, als könnte sie fliegen. Erstaunt öffnete sie die Augen. Um sie herum war wirklich ein Wirbel! Lennox und sie drehten sich im Wasser. Sie erschufen mit

ihren Empfindungen eine Wirbelwolke! Und diese schwang
sie schneller und immer schneller herum, bis sie sich wie ein
liebestoller Kreisel drehten.

Im Laufe der Zeit erfahren Alea und Lennox immer mehr über die Meerwelt und über den schrecklichen Virus, der fast die gesamte Meermenschenzivilisation ausgelöscht hat. Lennox, der dem Stamm der Oblivionen angehört, fühlt sich als Aleas Beschützer. Er möchte ihr Krieger sein und sie bei ihrem Ziel, der Auferstehung der Meerwelt, unterstützen. Lennox glaubt an Alea und will ihr überallhin folgen. Gemeinsam mit ihren Freunden wollen sie Doktor Orion das Handwerk legen, der durch sein Gretzernetzwerk einen maßgeblichen Teil zur Zerstörung der Meerwelt beiträgt.

17. August:

Doch der Doktor ist ein gefährlicher und skrupelloser Gegner, dem es schließlich gelingt, die Alpha Cru gefangen zu nehmen. Als er Lennox zwingt, Alea und die anderen alles vergessen zu lassen, was in den letzten Wochen passiert ist, stürzt für die beiden Liebenden eine Welt ein. Dass er Alea vor dem Doktor nicht beschützen kann, ist für den Oblivion das Allerschlimmste. Lennox Lebewohl sagen zu müssen, bricht Alea das Herz.

Lennox weinte. Aber es half nichts. Es war so weit.
Mit Tränen in den Augen trat er vor Alea.
»Ich liebe dich«, flüsterte sie.
»Ich liebe dich auch«, flüsterte er verzweifelt zurück.
Und dann sagte er: »Leb wohl.«

Lennox ist allerdings nicht ganz aus Aleas Erinnerungen gelöscht. Auch wenn sie sich nicht direkt an ihn erinnern kann, spürt sie, dass es jemanden gibt, der einen besonderen Platz in ihrem Herzen hat. Sie riecht den Duft nach Weite, Wärme und Wasser in einem der Kissen und ahnt, dass der Geruch etwas Besonderes bedeutet. Es ist Lennox' Duft, da er auf dem Kissen geschlafen hat. Als sie ein Foto von Lennox auf Bens Handy entdeckt, ist sie ganz durcheinander und aufgeregt.

Aleas Gedanken schweiften jedoch ab. Sie war noch ganz voll von dem Gefühl, das der Anblick des Jungen in ihr ausgelöst hatte. Für sie bestand kein Zweifel daran, dass er es war, den sie in ihrem Herzen gespürt hatte. Sie wusste es einfach. Konnte es sein, dass sie wirklich mit ihm zusammen gewesen war? Ihr Herz antwortete ihr durch eine weiche, liebkosende Wärme, die Alea sanft durch den ganzen Körper zu rieseln schien. Eine untrügliche Antwort. Ihr Herz gehörte ihm. Doch ihr Kopf verstand es nicht. Wieso sollte ein derart umwerfend aussehender Junge jemanden wie sie interessant finden? War vielleicht nur sie in ihn verliebt gewesen, und er hatte ihre Empfindungen gar nicht erwidert? Aber nein, das Gefühl war zu schön, als dass es eine unglückliche Liebe hätte gewesen sein können. Alea fühlte sich allein durch den Gedanken an diesen Jungen glücklicher. Wärmer. Beschützt.

Gemeinsam mit ihren Freunden und mithilfe des Bandentagebuchs findet Alea immer mehr darüber heraus, was mit ihnen geschehen ist, und als sie von Lennox erfährt, weiß sie sofort, dass er derjenige ist, der den besonderen Platz in ihrem Herzen hat. Sie sehnt sich nach ihm, obwohl ihre

Erinnerungen an ihn wie hinter einer Schranke verborgen sind.

Auch für Lennox ist die Trennung von Alea furchtbar. Er macht sich Vorwürfe, dass er sie nicht vor Orion beschützen konnte, und verzweifelt fast daran, dass er ihr das Gedächtnis nehmen musste. Während er sich in Orions Gefangenschaft auf Korsika befindet, blickt er immer wieder in der Nacht zu Polaris empor und fragt sich, wie es Alea in der Zwischenzeit ergeht.

8. September:

Trotz aller Widrigkeiten und mithilfe der Magischen gelingt es der Alpha Cru tatsächlich, Lennox aus den Fängen des Doktors zu befreien. Auch wenn Alea weiterhin ihrer Erinnerung beraubt ist, spüren Lennox und Alea die Verbindung ihrer Herzen. Sie wurde auch durch Orions grausame Tat nicht zerstört.

Alea griff nach Lennox' Hand. Es war eine ganz unwillkürliche Bewegung, über die sie vorher nicht nachgedacht hatte. Langsam schoben sich ihre Finger zwischen seine, als wären sie dort zu Hause. Es fühlte sich überwältigend richtig an. Vertraut. Als hätte ihre Hand eine Körper-Erinnerung, bei der ihr Hirn einfach nicht mitkam.

9. September:

Am Strand von Capraia beobachten die beiden ein ganz besonderes Naturphänomen, das Meeresleuchten. Sobald sie ihre Füße ins Wasser tauchen, verursachen sie durch ihre Bewegung eine regelrechte Lichtfülle in den Wellen. Alea kann sich nicht erinnern, jemals etwas derart Schönes erlebt zu haben. Als sie sich inmitten der blau glühenden Funken und dem mystisch leuchtenden Wasser küssen, kommen sie sich ganz nah.

Aleas Herz schlug zum Zerspringen. Sie wollte Lennox küssen.
Und es war deutlich zu erkennen, dass er das auch wollte.
Langsam reckte sie sich ihm entgegen. Er neigte den Kopf,
und Alea schloss die Augen. Ihre Lippen trafen sich.
Die Berührung war zart, dieses Mal rückte Lennox jedoch
nicht gleich wieder von ihr ab. Stattdessen legte er die Hand
auf ihren Nacken und zog sie behutsam näher zu sich
heran. Ihr Kuss vertiefte sich, und Alea erzitterte.
Der Duft von Weite, Wärme und Wasser umfing sie,
und sie ließ sich vollständig hineinfallen in diesen licht-
umspülten Märchenmoment.

---

10. September:

Kurze Zeit später gelingt es Lennox mithilfe der Schweige-Schamire und des Goldumhangs, Alea ihr Gedächtnis zurückzugeben. Der Moment ist sehr bewegend, denn nun erinnert sich Alea wieder an alles, und ihre Liebe ist kein bisschen kleiner geworden.

Auf einmal war alles wieder da, als wäre es niemals fort ge-
wesen. Sie blickte Lennox an, und dieses Mal erinnerte sie
sich. An Amsterdam. An die schottischen Highlands.
An Loch Ness. An Island. An ihren ersten Kuss. An Norwegen.
An Lennlea. An Belgien. An Frankreich. An Brighton.
An alles.
Er war kein Fremder. Kein Junge, in den sie sich
gerade erst verliebt hatte.

Er war ihr Lennox.
Ihr Herz begann vor Freude wie verrückt zu schlagen.
Sie hatte ihre Erinnerung zurück. Sie hatte ihn zurück.
Mit einer stürmischen Bewegung zog sie Lennox an sich und
küsste ihn – so, wie sie ihn früher geküsst hatte. Sie vergrub
ihre Hand in seinem Haar und legte all ihre Liebe in den
Kuss, sodass Lennox nicht ihren Worten glauben musste,
sondern spüren konnte, dass sie wieder da war.
Dass er sie zurückhatte.

Alea und Lennox trennen sich anschließend von der Alpha
Cru, um alleine schneller nach Deutschland zu reisen und
dort nach Aleas Schwester Anthea zu suchen. Das Meermädchen genießt es sehr, ihren Krieger erst einmal ganz für sich
zu haben.

12. September:

Auf ihrer Suche nach Thea geraten die beiden jedoch in eine
gefährliche Situation. Lennox wird von mehreren Fässern
Algenwasser überschüttet und erkrankt schwer. Indem Alea
mithilfe der Lafora-Minutenringe für kurze Zeit mit Lennox
die Körperempfindungen tauscht, kann sie ihn vor einem
schlimmen Fieberkrampf bewahren. Doch sein Zustand ist
weiterhin bedrohlich, und Alea ist vor Angst außer sich. Sie
kann sich ein Leben ohne ihren Krieger nicht mehr vorstellen.

Tränen bahnten sich den Weg über ihre Wangen.
Hilflos drückte sie Lennox' Hand an ihren Mund. »Du darfst
nicht sterben!«, brach es schluchzend aus ihr heraus.
»Mar vamschha garuu!« – Ich liebe dich. »Ich brauche dich!
Ich …«

Ihr versagte die Stimme. »Ich kann das nicht ohne dich, Yavani«, flüsterte sie. Ihr Kopf sank auf seine Brust, und sie begann, haltlos zu weinen. »Bitte …«, flehte sie immer wieder und wusste irgendwann nicht mehr, ob sie mit Lennox oder mit dem Schicksal sprach.

Erst als es dem Meerjungen Evelin mithilfe seiner Doppelgänger-Gabe gelingt, rechtzeitig Rotfarn zu besorgen, kann Lennox gerettet werden.

13. September:

Am nächsten Morgen teilt Alea mit Lennox ihre Gedanken und erzählt ihm, dass ihre größte Angst ist, dass er eines Tages vor ihr sterben könnte und sie ohne ihn weiterleben muss.

»Versprich mir, dass ich eines Tages, wenn es so weit ist, zuerst sterben darf«, wisperte Alea und meinte jedes Wort genau so, wie sie es sagte. »Ich will nicht ohne dich leben.« Lennox lag ganz still, und nun hätte Alea doch gern sein Gesicht gesehen. Sie wusste, dass ihr Wunsch egoistisch war. Sollte er in Erfüllung gehen, musste Lennox nach ihrem Tod ohne sie leben, und für ihn war das gewiss kein bisschen weniger schlimm als für sie. Doch sie gestattete sich diesen Augenblick der Schwäche, denn sie wollte, dass Lennox erfuhr, wie sehr sie ihn liebte.
»Ich verspreche es«, erwiderte er leise. »Eines Tages, wenn es so weit ist, darfst du zuerst gehen, Yavani.«

Da Lennox wieder zu Kräften gekommen ist, können sie nach Sankt Goarshausen weiterreisen, wo sie Thea vermuten und schließlich auch finden. Doch sie haben Doktor Orion unterschätzt, der ihnen am Ufer der Loreley auflauert und vor hat, Lennox mit dem Herrenschwur an sich zu binden. Sie können jedoch entkommen, und kurz darauf schwört Lennox stattdessen Alea den Herrinnenschwur.

Von nun an muss Lennox jeden Befehl von Alea befolgen, was die Beziehung der beiden erneut vor eine Herausforderung stellt. Doch sie sind sicher, dass sie diese bewältigen werden und ihre Liebe stärker ist.

Nach einer kleinen Pause sagte Lennox leise:
»Ich möchte, dass du mir etwas versprichst, Yavani.«
Gedankenschwer nickte Alea. »Was denn?«
»Bitte verlange niemals wieder von mir, jemand anderen
zu beschützen, wenn du selbst in Gefahr bist.«
Die Ernsthaftigkeit in seinen azurblauen Augen jagte Alea
eine Gänsehaut über den Rücken. »Vorhin in der Halle …«,
sprach er weiter, »da hast du mir zugerufen,
dass ich Thea helfen soll statt dir. Aber ich habe es nicht getan,
weil ich dein Beschützer bin …« Alea nickte erneut,
denn ihr war klar, worauf er hinauswollte.
»Jetzt, nach dem Schwur, müsste ich dir gehorchen,
gleichgültig, ob ich will oder nicht.« Lennox' Tonfall wurde
eindringlich. »Ich kann dich also nur inständig bitten, so
etwas niemals wieder zu tun. Du bist die Elvarion. Du musst
an erster Stelle stehen. Begreif das bitte endlich und sag mir
nicht noch einmal, dass ich jemand anderen vorziehen soll!«
Alea senkte den Blick. Die Verantwortung drückte sie nieder
wie ein tonnenschweres Gewicht, denn sie würde in Zukunft
bei jeder einzelnen Entscheidung an das große Ganze
denken müssen. Zu viel hing vom Gelingen ihrer Mission ab,
als dass sie einen Fehler machen durfte. Abermals flammten

Zweifel in ihr auf. Konnte sie eine dermaßen große Verantwortung überhaupt tragen? Was, wenn sie die Erwartungen,
die Lennox und so viele andere an sie hatten, nicht erfüllen
konnte? Doch diese Ängste waren nicht neu, und Alea wusste
mittlerweile, dass sie sich auf ihre innere Stärke besinnen
musste, um sie zum Schweigen zu bringen. Und obwohl es ihr
in diesem Moment alles andere als leichtfiel, tat sie das.
»Ich verspreche es«, sagte sie. Lennox schien erleichtert.
»Dann … kann alles gut werden.«

---

14. September:

Nach Aleas Rückverwandlung zum Meermädchen gehen
Lennox und Alea das erste Mal gemeinsam als Meerkinder
mit sämtlichen Hajaro-Fähigkeiten schwimmen, denn auch
Lennox ist durch den Herrinnenschwur zum vollständigen
Meerjungen geworden.

*Das kühle Wasser schlug über Aleas Kopf zusammen,
und die Verwandlung setzte fast unmittelbar ein.
Aus den Knubbeln hinter ihren Ohren wurden Kiemen,
und zwischen ihren Fingern traten die Schwimmhäute
bis zu den Mittelknochen hervor. Sie spürte, wie Lennox'
Schwimmhäute ebenfalls wuchsen, aber er ließ ihre Hand
nicht los. Ihre Blicke trafen sich. Lennox' Augen hatten in
den Katzen-Modus gewechselt und strahlten in einem derart
intensiven Azurblau, dass Alea sich fragte, ob es solch eine
Farbe wirklich gab oder ob sie womöglich träumte. Lennox'
Haut war von dem gleichen, zart silbrigen Grün überzogen
wie ihre. Die Farben und Formen des Wassers, die seinen
Körper umgaben, waren jedoch fast das Schönste von allem:
Goldgelbe Bläschen wallten wie Konfetti um ihn herum auf.*

Er war glücklich.

Da holte Lennox tief durch die Kiemen Luft. Alea atmete gleichzeitig ein, und ihre Lungen schienen sofort einen Freudentanz aufzuführen. Doch für Lennox war es wohl mehr als nur Freude. Es war ein Ankommen zu Hause.

[...]

Wie zwei Kometen schossen sie durch den Fluss und begannen, übermütig zu lachen und zu johlen. Es war ein regelrechtes Schwelgen in den eigenen Körperbewegungen und hatte Alea noch nie zuvor so viel Spaß gemacht. Doch mitten im pfeilschnellen Voranpreschen zog sie Lennox an sich und schlingerte mit ihm durchs Wasser, sodass sich ihre Geschwindigkeit verlangsamte.

»Was machst du denn?«, fragte er lachend.

»Ich will dich küssen.« Und dann tat sie es. Wild und ungestüm und ein bisschen wie im Film.

Lennox erwiderte den Kuss mit ebensolcher Leidenschaft, und Alea bemerkte, dass um sie herum ein Wirbel entstand – ein Bussitunnel! Lennox und sie drehten sich um sich selbst und erschufen mit ihren Empfindungen eine Wirbelwolke. Diese schwang sie schneller und immer schneller herum, bis sie sich wie ein liebestoller Kreisel drehten und aus dem Wasser hinauskatapultiert wurden. Für einen kurzen Moment flogen sie scheinbar schwerelos durch die Luft.

Die Geschichte von Alea und Lennox – Lennlea – ist noch lange nicht zu Ende. Freu dich auf mehr!

Bist du ein echter Lennlea-Fan? Finde es in diesem Test heraus!

Wie gut kennst du Lennlea?

Teste dein Wissen in diesem wirklich kniffligen Quiz für echte Fans:

1. Wo sind Alea und Lennox, als sie feststellen, dass Lennox nun ein vollständiger Hajaro ist?

a. ○ An Bord der *Crucis*

b. ○ Im Meer

c. ○ In einem Baumhaus

2. Wo übernachten Alea und Lennox in Edinburgh, als sie allein unterwegs sind?

a. ○ Auf der Dachterrasse der Post

b. ○ Im Schlafsaal einer Jugendherberge

c. ○ Unter einer Brücke am Fluss

3. Wo sagt Lennox zum ersten Mal, dass er Alea liebt?

a. ○ Beim Schwimmen im Meer, in einer Unterwasserstadt

b. ○ Nach einem Auftritt als Straßenbande, in einer kleinen Stadt

c. ○ An Deck der *Crucis*, kurz vor Oye-Plage

4. Welches Schlaflied singt Alea Lennox in den schottischen Highlands vor?

a. ○ Guten Abend, gute Nacht

b. ○ Die Blümelein, sie schlafen

c. ○ Der Mond ist aufgegangen

5. Wann sagt Lennox zum ersten Mal zu Alea: »Ich bin dein«?

a. ○ In einer nordisch-kühlen Sommernacht

b. ○ In einer schwülen Sommernacht

c. ○ In einer kalten Herbstnacht

6. Und was machen die beiden danach?

a. ○ Sie backen Kekse.
b. ○ Sie schreiben ein Lied zusammen.
c. ○ Sie gehen gemeinsam schwimmen.

7. Was machen Lennox und Alea, als sie in Schottland beim Zugfahren ohne Ticket erwischt werden?

a. ○ Sie verstecken sich auf der Toilette.
b. ○ Sie springen aus dem fahrenden Zug.
c. ○ Sie müssen an der nächsten Station aussteigen und Strafe zahlen.

8. Wann wird die Silberfaden-Vision, in der Lennox Alea »Leb wohl« sagt, wahr?

a. ○ Als er ihr, gezwungen von Orion, die Erinnerung nimmt
b. ○ Als er sieht, wie Tess sie küsst
c. ○ Als Alea ihre Mutter Nelani trifft

9. Was erleben Alea und Lennox in einer Bucht auf Capraia?

a. ○ Wie Lennox zum Meermensch wird
b. ○ Wunderschönes Meerleuchten
c. ○ Ein großes Fest mit allen Bandenmitgliedern

10. Was sagt Lennox zu Alea, als sie zögernd das Fläschchen mit dem Rückwandler an die Lippen setzt?

a. ○ »Du bist nicht allein, ich bin für dich da.«
b. ○ »Hab keine Angst, ich bin bei dir.«
c. ○ »Ich bin hier, ich passe auf dich auf.«

Das Mädchen mit den Ozeanaugen

Das Kennenlernen von Lennlea aus Lennox' Sicht

Das Mädchen mit den Ozeanaugen

Lennox schlenderte langsam durch die überfüllten Straßen Amsterdams. An diesem sonnigen Junitag war in der Hauptstadt der Niederlande wieder einmal die Hölle los, und eigentlich hasste Lennox Menschenmassen. Doch je enger sich die Leute in den Straßen drängten, desto abgelenkter waren sie und merkten nicht, wenn ihnen jemand in die Tasche griff …

Aufmerksam ließ Lennox den Blick umherstreifen. Dort drüben stand eine kleine Gruppe Touristen, die andächtig einer Reiseführerin lauschte. Perfekt! Lennox ging geradewegs auf die Touristengruppe zu. Er musste sich nicht anpirschen oder im Strom der Vorbeiflanierenden verbergen, denn er konnte sich sicher sein, von niemandem gesehen zu werden.

Kaum hatte er die Touristen erreicht, glitt seine Hand in die Tasche einer Frau. Er stand dicht neben ihr und bemühte sich noch nicht einmal besonders um Schnelligkeit, aber die Frau bemerkte ihn dennoch nicht.

Lennox nahm ihre Geldbörse an sich und ließ sie in seiner schwarzen Biker-Lederjacke verschwinden. In aller Seelenruhe spazierte er weiter, froh darüber, wie leicht es wieder gewesen war. Der Moment des Zugreifens war immer der gefährlichste. Denn obwohl Lennox so gut wie unsichtbar war, entbehrte es nicht eines gewissen Risikos, jemandem so nahe zu kommen. Eine einzige falsche Bewegung, und die Frau hätte womöglich gespürt, dass sich in ihrer Tasche etwas tat. In einem solchen Fall hätte sie Lennox augenblicklich sehen können, denn seine »Unsichtbarkeit« endete immer dann, wenn er mit jemandem zusammenstieß oder anderweitig »auffiel«.

Er streunte bis zur nächsten Straßenecke. Dort stellte er sich in einen Hauseingang, wo niemand ihn zufällig anrempeln konnte. Als er die Geldbörse öffnete und feststellte, dass sich beinahe zweihundert Euro Bargeld darin befanden, schlich sich ein Lächeln in sein Gesicht. «Sieht aus, als wäre heute ein ausgiebiges Abendessen drin«, murmelte er, während er einen 50-Euro-Schein aus der Börse nahm und ihn in die hintere Tasche seiner Jeans steckte.

Rasch klappte Lennox den Geldbeutel zu, trat wieder auf die Straße und kehrte zu der Touristengruppe zurück, die noch immer am selben Platz stand und der Reiseführerin zuhörte. Schnurstracks ging er zu der Frau, die er bestohlen hatte, und schob ihre Geldbörse mit einer flinken Bewegung zurück in die Handtasche. Die Frau bemerkte auch dieses Mal nichts, ebenso wenig wie irgendjemand anders aus der Gruppe.

Gemächlich bummelte Lennox nun davon und war erleichtert, wieder etwas Geld zu haben, doch gleichzeitig fühlte er sich auch mies, so wie immer nach einem Klau. Er mochte es ganz und gar nicht, ein Dieb zu sein. Aber wie sollte er sonst zurechtkommen?

Nicht zum ersten Mal fragte sich Lennox, was seine Mutter wohl davon halten würde, was er hier tat. Obwohl sie ihn und seinen Vater im Stich gelassen hatte, als Lennox noch klein gewesen war, dachte er oft an sie. Was würde Xenia dazu sagen, dass er als Straßenjunge in Amsterdam lebte und sich mit Diebereien über Wasser hielt?

Lennox seufzte. Er war zwar ein Taschendieb, brachte damit jedoch niemanden in richtige Schwierigkeiten. Schließlich gab er die Portemonnaies grundsätzlich zurück, nachdem er einen Teil des Geldes herausgenommen hatte. Das Fehlen einiger Scheine konnten die Leute gewiss eher verschmerzen als den Verlust von Ausweis und Kreditkarte.

Ziellos ließ Lennox sich vom Fluss der Einkaufswütigen mittragen, doch als er sein Spiegelbild in einem Schaufenster sah, blieb er stehen. Er wirkte mitgenommen. Müde. Zugleich aber auch wie jemand, mit dem man sich besser nicht anlegen sollte. Seit Lennox sich vor drei Monaten zum x-ten Mal mit seinem alkoholkranken Vater gestritten hatte und von zu Hause abgehauen war, hatte er diesen harten Blick bekommen. Die Schramme an seiner Schläfe trug auch nicht unbedingt dazu bei, ihn vertrauenswürdiger erscheinen zu lassen. Mats hatte ihm die Schramme verpasst, der Anführer der größten Straßengang der Stadt. Mats und seine Jungs kannten keine Skrupel, wenn es um Taschendiebstahl ging, und sie gaben die Geldbörsen grundsätzlich nicht zurück. Lennox hatte sie schon öfter dabei beobachtet, wie sie bevorzugt ältere Menschen beklauten, und er war mehr als einmal dazwischengegangen. Zwar war er ein ziemlich guter Nahkämpfer, ohne jemals Unterricht in irgendeinem Kampfsport gehabt zu haben. Aber wenn er sich mit einer ganzen Meute von Jungs und vor allem mit dem bulligen Mats einließ, trug er eben manchmal Schrammen wie die an seiner Schläfe davon.

Lennox warf seiner Reflexion in der Schaufensterscheibe ein schiefes Lächeln zu. Es wirkte jedoch derart jämmerlich, dass er es sofort wieder sein ließ. Mit einem Seufzen strich er sich durch das dichte, dunkle Haar, das ihm bis tief in die Stirn fiel, und zog die Gitarre zurecht, die er auf dem Rücken trug. Das schwarze, zerkratzte Instrument war sein Ein und Alles, und in den dunklen Nächten, in denen er allein in seinem provisorischen Lager unter der Brücke am Fluss saß und fror, war die Gitarre sein einziger Freund. Vielleicht konnte er sich für den Rest des Nachmittages ja einfach irgendwo hinsetzen und ein bisschen spielen, um auf andere Gedanken zu kommen.

Unwillkürlich lenkte er seine Schritte zu einem kleinen Restaurant, das mitten in einer betriebsamen Einkaufsstraße lag. Eigentlich war es für seinen Geschmack viel zu voll hier, aber aus einem unerfindlichen Grund mochte er die Meerjungfrauenstatue vor dem Eingang des Restaurants. Auf ihrem Sockel ließ er sich nun nieder, zog die Gitarre vor seine Brust und begann, eine zarte Akkordabfolge zu zupfen. Wenn er derart leise spielte, bemerkte ihn niemand in der lauten Stadt, und das war ihm gerade ganz recht. Manchmal war das anders. Dann spielte er laut und für Publikum, denn mit Straßenmusik konnte man Geld verdienen. Doch wenn er das tat, bekamen leider oft auch Mats und seine Jungs Wind davon, die sich dann drohend vor ihm aufbauten und das eingenommene Geld einforderten.

Lennox merkte, dass seine Gedanken wieder einmal recht düster waren, wie so oft in letzter Zeit, und deshalb versuchte er nun, vollständig in die Musik einzutauchen, in seine Zuflucht aus Klängen, die ihn eine Weile lang alles andere vergessen ließ. Er spielte ein Lied nach dem anderen, ganz sachte, um wirklich von niemandem bemerkt zu werden. Dann verselbstständigten sich seine Gedanken jedoch, und er fragte sich, wie es wohl wäre, wenn seine Mutter ihn spielen hören könnte. Wäre sie stolz darauf, dass er, der Dieb mit dem verschrammten Gesicht und den abgewetzten Klamotten, zumindest ein ziemlich guter Gitarrist war?

Wie von selbst begann er »Rockabye« zu spielen, eines seiner Lieblingslieder, in dem es um die unerschütterliche Liebe einer Mutter zu ihrem Kind ging. Er zupfte den schnellen Popsong mit sanfter Zerbrechlichkeit und versuchte, so viel Liebe herauszuholen, wie das Lied ihm in diesem Augenblick nur bieten konnte.

Auf einmal hatte er jedoch das Gefühl, dass jemand ihn anschaute. Lennox hob den Kopf, und im nächsten Moment traf sein Blick auf die Augen eines Mädchens. Es durchfuhr ihn wie ein Blitzschlag. Ihre Augen waren grün, ozeangrün, und ihm war, als sähen sie ihm direkt bis auf den Grund seiner Seele.

Wie versteinert starrte er sie an. Was aber noch viel verwunderlicher war: Sie starrte ihn an! Wie konnte das sein? Er hatte doch ganz leise gespielt. Wieso war er ihr aufgefallen?

In den ozeangrünen Augen des Mädchens spiegelte sich große Überraschung. Sein Anblick schien sie aufzuwühlen. Als brächte er sie durcheinander. Ehrlich gesagt war er allerdings selbst ganz schön durcheinander. Das Mädchen war extrem hübsch. Sie hatte langes dunkles Haar, das ihr fast bis zur Hüfte reichte, und ihr Outfit war derart cool, dass man es nur als mutig bezeichnen konnte. Sie trug Stiefel, einen bauschigen Tüllrock, ein Männerhemd, eine rosafarbene Seidenjacke, schwarze Handschuhe ohne Finger, zahllose lange Ketten und eine blaue Schirmmütze. Doch vor allem ihre Augen fesselten ihn, und er musste sich zwingen, wegzuschauen und weiterzuspielen. Wer war sie? Und wieso war er für sie nicht unsichtbar?

Lennox gelang es nur ein paar Sekunden, den Blick auf den Boden gerichtet zu halten, dann schaute er das Mädchen wieder an. Es war, als wären ihre Augen ein Magnet, gegen dessen Anziehungskraft er sich nicht wehren konnte. Neben dem Mädchen mit den Ozeanaugen stand ein etwa neun- oder zehnjähriger Junge mit rotem Haar und Sommersprossen, auf den sie sich nun stützte, als müsste sie sich an ihm festhalten. Was ging hier vor sich?

Zu allem Überfluss deutete der rothaarige Junge jetzt mit dem Finger auf Lennox und sagte irgendetwas. Konnte der Kleine ihn etwa auch wahrnehmen? Ja, das konnte er ganz eindeutig! Doch das lag wahrscheinlich nur daran, dass das Mädchen auf den Gitarrenspieler unter der Meerjungfrauenstatue hingewiesen hatte. In solch einem Fall verschwand der Effekt der »Unsichtbarkeit« unerklärlicherweise immer sofort. Lennox wusste nicht, warum das so war, allerdings konnte er generell nicht behaupten, dass er seine außergewöhnlichen Fähigkeiten wirklich verstand. Er war einfach anders, ein Sonderling, und was es mit seinen Gaben auf sich hatte, war ihm selbst ein Rätsel.

Jetzt bemerkte Lennox ein Mädchen mit Dreadlocks neben dem kleinen sommersprossigen Jungen, und das Mädchen blickte ihn ebenfalls an. Na toll, dann war es das wohl mit seinem kleinen Gig. Gerade trat sogar noch ein weiterer Junge hinzu, der allerdings eher ein junger Mann war. Er hatte eine auffallend coole Frisur und sah ziemlich nett aus, aber Lennox stöhnte innerlich. Die vier starrten ihn unverhohlen an und hörten seinem Gitarrenspiel zu.

Schnell beendete Lennox den Song und hoffte, dass die merkwürdige kleine Truppe weitergehen würde. Verstohlen blickte er noch einmal zu dem Mädchen mit den besonderen Augen. Er konnte nicht anders. In diesem Moment begannen die vier zu klatschen. Sie applaudierten ihm!

Lennox war an Beifall nicht gewöhnt, dafür spielte er viel zu selten vor Publikum – oder besser gesagt: dafür kam er bei seinen Versuchen viel zu selten bis zum Ende eines Auftritts. Meistens waren Mats und seine Gang da, bevor irgendjemand klatschen konnte.

Nun warf ihm der kleine Rothaarige sogar eine Münze zu! Klirrend fiel sie vor Lennox auf den Boden. Doch er hob sie nicht auf, denn er wollte niemanden ermutigen, näher zu treten. Und dann taten die vier es dennoch. Der Große mit der Frisur sprach ihn sogar an! Auf Niederländisch lobte er ihn für sein Gitarrenspiel.

Lennox ignorierte ihn und fing an, stoisch seine Gitarre zu stimmen. Der Junge gab allerdings nicht auf. Er versuchte es auf Englisch und Französisch und sagte mehrmals, wie gut ihm das Lied gefallen hätte. Lennox reagierte nicht. Was sollte er auch sagen? Was wollten die denn überhaupt von ihm?

Da wechselte der Große ins Deutsche. »Bist du weggelaufen?«, fragte er ihn. »Ich seh doch an deinen Klamotten, dass du kein Zuhause hast.«

Jetzt reichte es Lennox. Der Typ klang wie ein Sozialarbeiter! Außerdem war es ihm vor dem Mädchen mit den Ozeanaugen irgendwie peinlich, auf seine löchrige Jeans und sein schmuddeliges Shirt angesprochen zu werden. Deswegen stand er nun so lässig wie möglich auf und hängte sich seine Gitarre über den Rücken. Ohne die vier außergewöhnlichen Gestalten eines weiteren Blickes zu würdigen, schlenderte er davon.

Doch der große Junge rief ihm nach: »Hey, ich hab dich was gefragt!« War der möglicherweise wirklich ein Sozialarbeiter? Es schien fast so. In diesem Fall konnte Lennox nicht einfach fortgehen, sondern musste sich um die Sache kümmern.Seufzend drehte er sich wieder um und blickte dem Großen geradewegs in die Augen. »Ich war gar nicht hier«, sagte er leise zu ihm. Meistens genügten diese wenigen Worte, um tief in die Köpfe der Leute vorzudringen. Dieses Mal tat es Lennox allerdings fast leid, denn der Typ sah wirklich richtig nett aus. Aber es musste sein. Lennox wollte keinen Ärger. Rasch wandte er sich dem Mädchen mit den Dreadlocks zu und wiederholte den Satz, dann sagte er ihn auch dem kleinen Rothaarigen.Lennox konnte den Leuten mittlerweile ansehen, wie seine Worte wirkten. Im besten Fall verschleierte sich ihr Blick, und es war, als träte eine Leere an die Stelle, die zuvor er eingenommen hatte. Dieses Mal erkannte Lennox ebenfalls sofort, dass es geklappt hatte, und er war sicher, dass die drei sich später in keiner Weise an ihn erinnern würden.

Nun musste er auch noch das Mädchen mit den Ozeanaugen vergessen lassen. Als er vor sie trat, merkte er, dass sich sein Herzschlag beschleunigt hatte. Verdammt, was war denn nur mit ihm los? Normalerweise ließ er sich von Mädchen kaum beeindrucken, und ein hübsches Gesicht brachte ihn eigentlich nie aus der Fassung. Hier ging es allerdings nicht bloß um ein hübsches Gesicht. Es waren diese Augen, die ihn mitten ins Herz trafen. Doch davon durfte er sich nicht aufhalten lassen.

»Ich war nie hier«, sagte er mit sanfter Stimme zu ihr. Eigentlich wollte er sich nun umdrehen und davonmachen, aber aus irgendeinem Grund ging das nicht. Er konnte den Blick nicht abwenden. Ihre Augen hielten ihn gefangen, und sein Herz hämmerte inzwischen gegen seinen Brustkorb, als wollte es zerspringen. Verwirrt schluckte er kurz. Wieso schaute sie nicht weg? Sie guckte ihn ja geradezu so an, als hätten seine Worte sie gar nicht erreicht!

Lennox versuchte, sich zu konzentrieren, und stellte fest, dass es bei diesem Mädchen tatsächlich nicht funktioniert hatte. Sie schien noch ganz genau zu wissen, dass er sehr wohl hier gewesen war. Kalter Schrecken packte ihn. Warum versagte seine Gabe bei ihr?

Perplex schüttelte er den Kopf. »Ich … war nie hier«, wiederholte er, stockend diesmal, und sein Herz pochte so laut, dass er dachte, sie müsste es hören.

Es klappte nicht. Er sah es ihr an. Er konnte sie nicht vergessen lassen! Eine Mischung aus Panik und Irritation brach über ihn herein. Er musste weg. Hier geschah gerade etwas ganz und gar Seltsames!

Hastig wich er zurück und versuchte, in der Menschenmenge unterzutauchen. Nach ein paar Schritten merkte er jedoch, dass die Magnetkraft dieser Augen so sehr an ihm zog, dass er sich noch einmal umdrehen musste.

Wie unglaublich hübsch das Mädchen war! Und wie sie ihn ansah! So, als … bräuchte sie ihn. Als bräuchte sie ihn zu ihrem Schutz. Als würde ihre Seele die seine lautlos darum bitten, ihr Beschützer zu sein.

Beschützer?, wunderte er sich gleich darauf über seine eigenen Gedanken. Wie kam er denn auf so etwas? Und wieso gefiel ihm die Vorstellung so gut?

Dieser Blick! So unglaublich warm und … liebevoll. Als wäre ganz viel Liebe in diesem Mädchen, und wenn er es ihr nur erlaubte, würde sie diese Liebe wie mit sanften Regenströmen auf ihn niedergehen lassen.

Was für ein Unsinn!, schoss es ihm durch den Kopf. Regen machte ihn krank. Was waren das denn nur für wahnwitzige Gedanken?

Da hob das Mädchen langsam die Hand, als wollte sie winken. Die Bewegung wirkte so unbeholfen und zart, dass er fast gelächelt hätte. Aber das Mädchen winkte gar nicht, sondern stand einfach nur da, mit erhobener Hand. Beinahe wie eine Skulptur. Als wäre sie der Inbegriff all dessen, wonach Lennox sich insgeheim immer gesehnt hatte.

Unsinn!, schimpfte er innerlich noch einmal und schüttelte nachdrücklich den Kopf. Dann drehte er sich endgültig um und tauchte in der Menge unter.

Nebenfiguren

ANTHEA
MEERMENSCH, WALWANDERIN

Spitzname: Thea
Dominante äußere Merkmale: klargrüne Augen, dunkle kinnlange Haare mit pinkfarbenen Strähnen

....

Anthea, die sich selbst Thea nennt, ist die eineiige, jüngere Zwillingsschwester von Alea.

Nachdem der Wasservirus ausgebrochen war und Nelani glaubte, sie wäre selbst infiziert und müsste sterben, hatte sie ihre zweite Tochter einem jungen südkoreanischen Paar übergeben. Später war Thea jedoch von Orion und Jinx entführt worden, da die beiden sie für die Elvarion der letzten Generation hielten und unter ihre Kontrolle bringen wollten.

Als Adoptivtochter von Orion und Jinx wuchs Anthea völlig isoliert in der Villa Konungur auf, nicht weit vom isländischen Reykjavík. Jahre danach wird die Villa zu ihrem Gefängnis, denn ihre Adoptivväter sperren sie scheinbar grundlos immer wieder ein. Thea flüchtet sich in die Welt der Bücher und ist vor allem von deutschen Sagen fasziniert. Nachdem sie die Legenden vom Rhein gelesen hat, ist sie fasziniert von der Figur der Loreley und überzeugt, dass es diese wirklich gibt, sie womöglich noch heute in ihrer Laube am Grunde des Rheins lebt. Thea hofft, dass dort der »Raum der Ahnen« existiert, in dem es möglich ist, mit den Toten in Verbindung zu treten. Es ist Theas sehnlichster Wunsch, mit ihren vermeintlich verstorbenen Eltern zu sprechen.

Auf ihrem Weg nach Sankt Goarshausen findet Thea Aleas Flaschenpost und nimmt mit ihr Kontakt auf. Dass es sich bei ihrer neuen »Brieffreundin« um ihre Schwester handelt, weiß sie zwar nicht, fühlt jedoch sofort eine starke Verbundenheit mit dem anderen Meerkind.

Thea ist mutig und kann sich gut allein durchschlagen. Sie kommuniziert mittels der Gebärdensprache, da sie als Baby ihr Gehör durch einen Unfall verloren hat – eine alte Rostbombe aus dem Zweiten Weltkrieg war in ihrer Nähe explodiert. Stets an Theas Seite ist der Nixenprinz Cassaras, mit dem sie sich im Laufe ihrer Gefangenschaft in Orions Villa Konungur angefreundet hatte.

Auf Burg Eichhorn, am Loreleyfelsen, steht Anthea plötzlich ihrer Zwillingsschwester gegenüber und erfährt endlich die ganze Wahrheit über ihre Herkunft und ihre leiblichen Eltern. Thea ist völlig überrascht, aber überglücklich, dass Alea sie gefunden hat, und spürt augenblicklich eine immense Zuneigung zu ihrer Schwester. Zudem erinnert sie sich an die Prophezeiung des Tasfaren, die besagt, dass sie selbst eine wichtige Hilfe für die Elvarion der letzten Generation werden wird. Ohne zu zögern, schließt sich Thea ihrer Schwester an und kann ihr direkt helfen. Denn mit nur einem Tropfen ihres Blutes vervollständigt sich der DNA-Rückwandler, den ihre Mutter Nelani in der Zwischenzeit entwickelt hat, und Alea wird wieder zum Meermädchen.

Alea hielt sich dicht an Theas Seite. Bereits nach kurzer Zeit waren ihre und Theas Schritte absolut taktgleich, als folgten sie einem gemeinsamen Rhythmus. Alea warf ihrer Schwester im Laufen ein Lächeln zu, und Thea lächelte zurück. »Wird es je geschehen, wirst du bei mir sein?«, hatte es in Aleas Songtext von »Zu dir« geheißen, dem Lied, das sie für Thea geschrieben hatte. Und jetzt war ihre Schwester so nahe, dass sie ihre Hand hätte nehmen können! Und dann tat Alea einfach genau das – sie griff nach Theas Hand. Für einen kurzen Moment wirkte Thea etwas befangen, als wäre sie nicht daran gewöhnt, irgendjemandes Hand zu halten. Aber dann schlossen sich ihre Finger um Aleas, und sie liefen Hand in Hand weiter.

Walwanderinnen

Cassaras

Halb Nixe, halb Landgänger

Spitzname: der Leierkastenmann, der Wanderer
Dominante äußere Merkmale: Nixenmale, athletische Statur, lange dunkle Haare
Bandenname: Capricorn (Steinbock)

Cassaras ist 153 Jahre alt und trägt sowohl Pfeil und Bogen immer bei sich als auch seinen Leierkasten, mit dem er Lieder abspielen und aufnehmen kann. Seine Mutter ist die Nixenkönigin Haruko, sein Vater ist ein Landgänger.

Da Cassaras zur Hälfte Landgänger und obendrein ein Mann ist, wird er von einigen Angehörigen des ausschließlich weiblichen Nixenvolkes nicht respektiert. Doch auch der Landgängerwelt fühlt er sich nicht zugehörig. Er ist ein Wanderer zwischen den Welten. Dass seine Mutter den Silberumhang an die Elvarion der letzten Generation übergeben wollte und nicht an ihn, ihren Sohn und rechtmäßigen Nachfolger, hat ihn lange Zeit verbittert.

Cassaras ist ein Einzelgänger. Sein ursprüngliches Ziel war es, den Silberumhang zu finden und mit ihm den Thron der Nixen zu besteigen. Der Rilling, ein Knopf des Silberumhangs, erlaubt es Cassaras, kleine Zukunftsanrisse zu sehen. In einem dieser Anrisse wurde ihm gezeigt, dass der Umhang eines Tages zu Alea gelangen wird, während sie sich in der Villa Konungur in Island aufhält. Diese Villa ist das Hauptdomizil von Doktor Orion, dem Widersacher von Alea. Aufgrund der Vision lässt Cassaras sich auf einen Handel mit

Orion ein, obwohl er ihm misstraut: Wenn Cassaras Alea findet und an den Doktor übergibt, erhält er im Gegenzug den Silberumhang. Da der Rilling wie ein Kompass funktioniert, weiß Cassaras immer, wo sich die *Crucis* befindet. Dadurch ist er meist in der Nähe und hilft, wenn Alea in brenzlige Situationen gerät.

Es bleibt lange unklar, auf welcher Seite Cassaras wirklich steht. Denn der Nixenprinz spielt ein Doppelspiel: Er geht auch mit Alea einen Deal ein, der darin besteht, dass Cassaras für seine Hilfe den Silberumhang erhält, sobald dieser in Aleas Hände gerät.
Nachdem der Silberumhang endlich zu Alea gefunden hat, vollzieht Cassaras jedoch eine innere Wandlung und besteht nicht länger auf ihrer Vereinbarung. Denn inzwischen glaubt auch er an Alea und daran, dass sie es schaffen kann, die Meerwelt wiederauferstehen zu lassen.

Bei einem seiner Aufenthalte in Orions Villa Konungur lernt Cassaras Aleas Zwillingsschwester Anthea kennen und freundet sich mit ihr an. Er verhilft ihr schließlich zur Flucht und wird zu ihrem Beschützer.
Als Cassaras erfährt, dass seine Erzfeindin, die Nixe Mura, für den Tod seiner Mutter verantwortlich ist, macht er sich auf Wunsch von Haruko auf den Weg, um gegen Mura anzutreten. Ein Kampf um Leben und Tod und um den Thron der Nixen.

»Rette die Ozeane, Elvarion! Mach die Meerwelt
wieder zu einem lebenswerten Ort für die Meerkinder.«

Evelin
Meermensch, Adetari

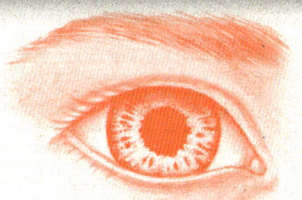

Landgänger-Nachname: unbekannt
Dominante äußere Merkmale: blond, strahlend blaugrüne Augen

Evelin ist ein Meerkind und wurde als Baby von seinem Oblivionen-Vater, der an dem Wasservirus erkrankt war, an eine Bauernfamilie im Schwarzwald übergeben. Mika, sein Adoptivbruder, arbeitet ebenfalls auf dem familienbetriebenen Hof.
Schon früh bemerkte Evelin, dass er anders ist. Als er eines Tages aufgrund einer Familienfeier nicht zu einem Tischtennisturnier gehen durfte, duplizierte er sich vor Wut und entdeckte so die besondere Gabe der Adetari: Evelin kann sich bis zu sieben Mal vervielfachen, und solange die Doppelgänger nicht allzu weit von ihm entfernt sind, hat er telepathischen Kontakt zu ihnen. Er hält seine Fähigkeit vor seiner Familie geheim, nutzt sie aber, um neben den Verpflichtungen auf dem Bauernhof auch seinen eigenen Wünschen nachgehen zu können.
Als Evelin durch Alea erfährt, dass er ein Meermensch ist und dem Stamm der Adetari angehört, ergibt seine Gabe plötzlich Sinn. Er schließt sich den anderen Meerkindern an, um noch mehr über sich und seine Vergangenheit zu erfahren.
Alea und Lennox gegenüber ist Evelin enorm hilfsbereit. Der Meerjunge steht den beiden in einer Notlage bei und rettet Lennox das Leben, indem er seine besondere Begabung anwendet und mithilfe seiner Doppelgänger den rettenden Rotfarn/Rofus rechtzeitig zu ihnen bringt.

»Mein persönliches Glück ist jedes Risiko wert.«

HAGEN
Landgänger

Decknamen: Siegfried, Frank Schmidt
Dominante äußere Merkmale: breit gebaut, stark

Hagen ist ein deutscher Landgänger und wurde ursprünglich von Doktor Orion eingestellt, um dessen Adoptivtochter Anthea in Gebärdensprache zu unterrichten. Im Laufe der Zeit kamen jedoch immer weitere Aufgaben hinzu. Unter anderem muss Hagen bei illegalen Müllentsorgungen mithelfen. Weil Hagen dadurch zu viel über die dubiosen Machenschaften des Doktors weiß, würde dieser ihn wohl niemals einfach so gehen lassen. Aus diesem Grund entscheidet Hagen sich, im Verborgenen denjenigen zu helfen, die sich dem Doktor entgegenstellen. Er ist der Maulwurf in Orions Gefolge. Antheas Deckname für ihn lautet: »Siegfried«.

Im Geheimen übergibt Hagen Anthea das Handy, mit dem sie Cassaras zu Hilfe rufen kann, verhilft darüber hinaus Lennox zur Flucht auf Korsika und unterstützt Nelani bei ihrer Sabotage von Orions Experimenten. Als Hagens Tarnung auffliegt, wird er von Orion brutal niedergeschlagen und verletzt. Lennox gelingt es, ihn in die Notaufnahme zu bringen, wo er versorgt werden kann. Sie vereinbaren einen neuen Decknamen: Frank Schmidt.

Da schnellte Hagens Arm in die Höhe und pfefferte Jinx die Waffe mit einem gezielten Schlag aus der Hand. Die Pistole flog im hohen Bogen durch die Luft und fiel auf den Boden.
Orion wirbelte zu Hagen herum. »DU bist es! Du bist der Saboteur!«

Haruko
Nixenkönigin, verstorben

Dominante äußere Merkmale: die gleichen Nixenmale an den Schläfen wie Cassaras, muskulöser Oberkörper, runzlige Faltenhaut

....

Haruko war die Königin der Nixen und die Mutter von Prinz Cassaras, der aus ihrer Liebe zu einem Landgänger entstand. Normalerweise gebären Nixen nur jeweils eine weibliche Nachkommin im Leben, und das ohne das Zutun eines Mannes. Deswegen ist es äußerst ungewöhnlich, dass Haruko einen Sohn zur Welt brachte. Noch dazu einen, der halb Landgänger, halb männliche Nixe ist und der überdies ihr Nachfolger werden soll.

Harukos Widersacherin ist die Nixe Mura, die Haruko dafür verachtet, sich mit einem Landgänger eingelassen zu haben. Mit ihrer Entscheidung, den Silberumhang an Alea zu geben, erzürnt die Nixenkönigin Mura erneut. Diese ist der Meinung, der Umhang gehöre ausschließlich in den Besitz der Nixen. In Muras Augen ist Haruko des Thrones nicht mehr würdig, und so lockt sie die Nixenkönigin in einen Hinterhalt und ermordet sie kaltblütig.

Bei der Loreley, im Raum der Ahnen, bekommt Haruko die Gelegenheit, mit ihrem Sohn zu sprechen. Endlich kann sie ihm erzählen, was damals wirklich geschah. Anders als Cassaras dachte, war die Nixenkönigin immer auf seiner Seite und sieht in ihm ihren rechtmäßigen Erben. Harukos Entscheidung, den Silberumhang an Alea zu geben, beruhte allein auf der Einsicht, dass die Aufgabe der Elvarion von größter Wichtigkeit ist und sie demzufolge jede Hilfe benötigt. Die Nixenkönigin ist stolz auf ihren Sohn, denn nachdem er lange zwischen den Seiten, zwischen Gut und Böse schwankte, hat er sich letztendlich für das Gute entschieden. Haruko fordert Cassaras daher auf, Mura vom Thron zu stürzen und selbst das Volk der Nixen anzuführen.

»In Zeiten wie diesen geht es nicht um größtmögliche Sicherheit. Es geht darum, sich mit ganzem Herzen für das einzusetzen, woran man glaubt, damit der Weltenlauf sich zum Guten wenden kann. Zu viel steht auf dem Spiel, um vorsichtig zu sein.«

Keblarr
Meermensch, Walwanderer

Volle Meermenschen-Betitelung: Sohn der Kizu und des Yanarr (Omarion)
Dominante äußerliche Merkmale: klargrüne Augen, hagere Gestalt

....

Keblarr ist der Vater von Alea und Anthea. Er war früher ein abenteuerlustiger Walwanderer voller Tatendrang, seine Partnerin Nelani seine große Liebe. Als sich der Wasservirus ausbreitete, befand sich Keblarr gerade auf Trosk und begleitete Kalemsopeka-Orcas – ihre Familienwale – auf ihren Wanderungen durch die nördlichen Meere. Die Zwillinge waren noch Babys und durch Antheas Unfall, bei dem sie ihr Gehör verloren hatte, zusätzlich beeinträchtigt, sodass sich die Familie trennte. Zum Zeitpunkt des Virus-Ausbruchs befanden sich Nelani, Alea und Anthea bei sesshaften Freunden in einer Unterwasserstadt, doch als Keblarr sie später dort treffen wollte, fand er sie nicht. Vergeblich suchte er überall nach seiner Familie und fürchtete jahrelang, sie seien am Virus gestorben.

Nachdem Keblarr in Rach Turana eine Botschaft für seine Töchter hinterlassen hatte, schloss er sich einer Kolonie von überlebenden Meermenschen in Island an. Die Gruppe hoffte, in den heißen und daher virusfreien Quellen leben zu können. Da im warmen Wasser die Kiemen und Schwimmhäute jedoch nicht herauskommen, konnten die Überlebenden keine neue Meermenschenzivilisation unter Wasser gründen und waren gezwungen, an Land in Wohnwagen zu leben. Mit der Zeit war Keblarr aufgrund seiner Trauer und Hoffnungslosigkeit in immer größere Lethargie verfallen.

Zunächst kann ihn nicht einmal das überraschende Auftauchen seiner Tochter wieder wachrütteln. Alea hat seine Botschaft in Rach Turana erhalten und sich auf die Suche nach Keblarr gemacht. Anfangs ist sie sehr enttäuscht von ihrem energielosen, abgestumpften Vater, und sie trennen sich im Streit. Als Keblarr jedoch erfährt, dass Alea von Doktor Orion gefangen genommen wurde, stellt er sich gemeinsam mit seinem Freund Ramin mutig Orions Männern entgegen und befreit die Alpha Cru aus der Villa Konungur. Sein Umdenken ist eine große Erleichterung für Alea, zudem ist sie sehr stolz auf das entschlossene Vorgehen ihres Vaters.

Nach Aleas Rettung zieht Keblarr zu Freunden nach Hafnarfjörður. Der Walwanderer ist voller Hoffnung, seine Töchter eines Tages wiederzusehen. Dass Nelani ebenfalls überlebt hat und sich auf die Suche nach ihm macht, ahnt er nicht.

»Alea, Tochter!«, rief Keblarr.
»Du darfst nicht hier gefangen sein! Orion darf dich nicht kriegen.«
Er schien mit dem Mut der Verzweiflung zu sprechen.
»Dein Entkommen ist wichtiger
als unsere Freiheit. Viel wichtiger. In dir liegt die Zukunft,
du musst leben! Jetzt fliehe mit deinen Freunden,
und erfülle die Prophezeiung!«

KIT
MEERMENSCH, BRIM

Landgänger-Name: Kiara-Katharina Minnebrecht-Nazari
Bandenname: Fornax (Ofen)
Dominante äußere Merkmale: blaue Augen, trägt eine Brille,
Tattoos im Nacken und auf den Waden, raspelkurze blonde
Haare, Flammenkreis am Handgelenk (Zeichen der Brim)

....

Kiara-Katharina, kurz Kit genannt, ist eine Ausreißerin, die in
Deutschland lebt. Als sie hört, dass ihre Adoptiveltern sie in ein
Heim geben wollen, weil sie mit ihrer rebellischen Art nicht mehr
zurechtkommen, haut Kit kurzerhand ab. Doch das Leben auf der
Straße ist hart, und in der Großstadt, in die zunächst geflohen war,
fühlt Kit sich alles andere als wohl. Da sie sehr naturverbunden ist,
zieht sie sich aufs Land zurück, findet dort als Vagabundin jedoch
kaum etwas zu essen.

Kit stößt an einem Seitenarm der Elbe auf die Alpha Cru und wird
von dieser aufgenommen. Endlich erfährt sie, dass sie aus dem Meer
stammt. Schon bald wird ihr klar, dass ihre Fähigkeit, heiße Dinge
zu berühren, eine Besonderheit ihres Stammes ist: Kit gehört den
Brim an. Sie können große Hitze aushalten und sind daher für die
Beseitigung von Müll mithilfe von großen Sengbohnen zuständig.
An Kits Handgelenk sitzt das Zeichen ihres Stammes, eine Flamme
in einem Kreis.

An Bord der *Crucis* findet Kit ein neues Zuhause und verliebt sich
außerdem Hals über Kopf in Tess, die sie liebevoll »Traumfrau« nennt.

Als Alea bei einer Demo in Marseille beinahe von der Polizei gefasst wird, kommt Kit ihr zu Hilfe und lässt sich selbst aufgreifen, um Alea die Flucht zu ermöglichen. Kit glaubt an Alea – die Elvarion der letzten Generation. Die plötzliche Trennung von Tess setzt ihr jedoch sehr zu. Obwohl die beiden täglich telefonieren, vermissen sie einander sehr.

Nachdem Kit dem Jugendamt übergeben wird und dort von der schwierigen Situation bei ihren Adoptiveltern erzählt, erhält sie die Chance, in einer WG in Köln unterzukommen. Kit ist darüber sehr erleichtert, denn sie möchte ihren Schulabschluss machen und hat im Sonnenfleck die Möglichkeit dazu. Außerdem wohnt sie nun direkt gegenüber von Sammy und Bens Opa Ernst und hat es sich zur Aufgabe gemacht, den Müll in ihrer Umgebung zu vaporisieren.

Da hob Kit die Faust. Das Zeichen der Brim leuchtete
in der hellen Sonne auf, als sie nun rief:
»Ich glaube an Alea Aquarius!«

MARIANNE

Landgängerin.

Nachname: Winkler
Pflegemutter von Alea, weiterer Sohn Carsten
Dominante äußere Merkmale: grau/weiße Haare, kleine Statur, freundliches Lächeln

....

Marianne ist die Pflegemutter von Alea, die sie als Baby bei sich aufgenommen hat. Als Nelani Alea am Strand von Renesse in ihre Arme legte, fühlte Marianne sofort eine tiefe Zuneigung zu dem kleinen Mädchen und zog es wie eine eigene Tochter groß.

Marianne und Alea wohnen in einer kleinen Zweizimmerwohnung in einem alten Hochhaus am Stadtrand von Hamburg. Obwohl Marianne nie viel Geld besaß, hat sie immer dafür gesorgt, dass es Alea an nichts fehlte, vor allem nicht an Zuwendung und Liebe. So verbrachten sie Aleas gesamte Kindheit hindurch viel Zeit zu zweit und dachten sich unter anderem zusammen Geschichten aus. Beispielsweise die von dem schönen Prinzen, der in einem Turm von einem Drachen gefangen gehalten wird und von der tapferen Prinzessin gerettet werden muss. Marianne hat Alea beigebracht, dass man über sich selbst hinauswachsen kann, wenn man sich ausreichend Mühe gibt.

Nachdem Marianne einen Herzinfarkt erleidet und ins Kranken-haus kommt, erlaubt sie Alea nach einigem Zögern, während der Sommerferien mit der Alpha Cru auf die Suche nach ihrer leiblichen Mutter zu gehen. Marianne ist überglücklich und erleichtert, als sie erfährt, dass Alea Nelani tatsächlich gefunden hat. In ihren letzten Minuten wird Marianne von Alea begleitet, und sie kann mit dem Wissen Abschied nehmen, dass Alea nicht mehr allein ist.

Marianne hatte immer davon geträumt, einmal mit Alea Urlaub an der Côte d'Azur zu machen. Als Alea mit der Alpha Cru am Mittelmeer ankommt, widmet sie diesen schönen Moment Marianne und schickt ihr ein Flugbussi in den Himmel.

> »Mir läuft die Zeit davon, und ich bin unglaublich glücklich darüber, dass ich dich noch ein letztes Mal sehe, Schatz. So kann ich dir sagen, wie lieb ich dich habe.«

Nelani
Meermensch, Walwanderin

Volle Meermenschen-Betitelung: Tochter der Annula und des Bilor
Dominante äußere Merkmale: klargrüne Augen, kurze dunkle Haare,
sportliche Figur

....

Nelani ist die leibliche Mutter von Alea und Anthea. Die Walwanderin ist selbstbewusst und eine gute Kämpferin. Außerdem ist sie Mitglied der Ocean Knights und die führende Aktivistin im Kampf gegen die Zuchtfischfarmen in Norwegen.

Nachdem der Wasservirus ausgebrochen war und Nelani erkrankte, brachte sie ihre Töchter mit letzter Kraft an Land. Sie hoffte, dass Alea und Anthea sich noch nicht infiziert hatten und bei Landgängern ein gutes Leben führen könnten. Für Thea wählte Nelani ein südkoreanisches Paar aus, für Alea die Hamburgerin Marianne. Nach der Übergabe kehrte Nelani ins Meer zurück und verlor das Bewusstsein, überlebte die Erkrankung jedoch überraschenderweise. Gleich nach ihrer Gesundung begann sie, nach ihren Töchtern zu suchen, fand sie aber nicht mehr. Im Folgenden nahm die Walwanderin ein Landgängerleben auf, studierte in München Medizin und wurde Virologin.

Jahre später weckt eine Wanderernachricht in ihr die Hoffnung, eines der verschollenen Meerkinder zu finden. Als sich schließlich herausstellt, dass es sich bei der Absenderin um ihre eigene Tochter handelt, gibt Nelani ihr Leben in Norwegen auf und sucht in Belgien nach Alea.

Nelani findet Alea in Brügge und verhilft der Alpha Cru anschließend zur Flucht vor Orion, bleibt selbst jedoch zurück. Erst am Strand von Oye-Plage finden sie sich wieder und lernen sich kennen. Als Nelani vom Ausmaß der kriminellen Machenschaften des Doktors erfährt, schließt sie sich ihrer Tochter im Kampf gegen Orion an.

Mit ihrem medizinischen Wissen gelingt es Nelani, rückgängig zu machen, was der Doktor ihrer Tochter angetan hat: die Umwandlung in eine Landgängerin. Nelani entwickelt einen DNA-Rückwandler, mit dem Alea wieder zum Meermädchen werden kann. Außerdem arbeitet sie an einem Gegenmittel zu Orions tödlichem Wasservirus.

Während sich Alea auf die Suche nach ihrer Zwillingsschwester begibt, macht sich Nelani auf den Weg nach Island, um dort ihren Mann Keblarr zu finden. Denn sie hat nie aufgehört, ihn zu lieben, und wünscht sich nichts sehnlicher, als dass die ganze Familie wieder vereint ist.

Es war ihre Mutter. Nelani. Sie war tatsächlich hier.
Mit einem Mal brach eine Welle zurückgehaltener Gefühle aus
Alea heraus, und sie begann zu weinen. Hier und jetzt musste
sie nicht die verantwortungsbewusste Elvarion sein, auf deren
Schultern das Schicksal der Ozeane lastete. Hier war sie nur
die Tochter ihrer Mutter. Nelani hielt sie fest und weinte ebenfalls.
Alea spürte, wie Nelanis Brust zuckte und sich ihre Arme noch en-
ger um sie schlossen, als wollte sie ihre Tochter nie wieder loslassen.

Nikaela
Landgängerin.

Landgänger-Name: Marin
Spitzname: Niki
Bandenname: Vela (Segel)
Dominante äußere Merkmale: mandelförmige braune Augen, verschmitzte Grübchen, füllige Figur

....

Nikaela, kurz Niki genannt, hat zwei große Leidenschaften: das Meer und die Kunst. Niki erschafft mit dem Pinsel wunderschöne Gemälde und ist engagiertes Mitglied der Umweltschutzgruppe Ocean Knights. Bereits seit ihrer Kindheit kämpft die Rumänin für den Umweltschutz und ist stolz darauf, nun ein Praktikum als Campaignerin auf dem Ocean-Knights-Flaggschiff *Volantis* machen zu können.

Seit Niki Ben am Strand ihrer Heimatstadt Konstanza kennengelernt hatte, ist sie in ihn verliebt. Umso schwerer fiel ihr der Abschied, als Ben mit Sammy und Onkel Oskar damals weitersegelte. Doch Niki hat Ben nie vergessen, und die beiden sind überglücklich, als sie wieder zueinander finden.

»Ich liebe das Meer. Es ist bester Freund und immer da, wenn ich brauche es. Ich sitze am Strand und erzähle meine Probleme, und Meer hört es zu. Ich male Bilder gern und versuche einzufangen Seele von Meer, damit andere Menschen Seele auch sehen können. Aber es geht Meer immer schlechterer. Schon seit Jahren das passiert. Und jetzt, wo das Öl hier gekommen ist, alles ist noch viel schlimmerer. Man muss helfen, wenn man nicht hat Herz ohne Liebe.«

Opa Ernst
Landgänger

Nachname: Walendy
Dominante äußere Merkmale: graue Haare, blaue Augen, Bart, kräftige Hände, (früher) starke Statur

....

Ernst August ist der Opa von Ben und Sammy. Da er von Geburt an gehörlos ist, hat er seinen Enkeln die Gebärdensprache beigebracht. Er ist sehr herzlich und hat ständig einen lustigen Spruch auf den Lippen, genau wie Sammy.

Opa Ernst war früher Handwerker von Beruf. Im Herzen war er jedoch immer ein richtiger Seebär, und aus seiner Liebe zum Meer entstand der Wunsch, mit den eigenen Händen ein Schiff zu bauen. Gemeinsam mit seinen beiden Söhnen Mike und Oskar machte er sich an diese Aufgabe. Als das Schiff fertig war, lehrte er seine Söhne, und später auch Ben und Sammy, nach den Sternen zu navigieren, das Wetter anhand von Wind und Wolken vorauszusagen und das Meer als ihr Zuhause zu begreifen.

Nach dem Tod von Sammys und Bens Eltern nahmen Opa Ernst und Onkel Oskar die beiden bei sich auf und gaben ihnen auf der *Crucis* ein neues Zuhause. Aufgrund seiner Parkinson-Erkrankung wurde das Leben auf dem Schiff jedoch zu gefährlich für Opa Ernst, und er zog schweren Herzens in das Mehrgenerationenhaus Sonnenfleck in Köln. Unbedingt wollte er, dass seine Enkel nicht bei ihm an Land, sondern weiter auf See lebten, denn sie sollten den Traum von der Freiheit keinesfalls seinetwegen aufgeben. Als später Kit in sein Heim einzieht, freut sich Ernst allerdings ganz besonders, denn er mag das Mädchen nicht nur sehr, er fühlt sich Ben und Sammy durch sie auch näher.

Opa Ernst ist nicht überrascht, als seine Enkel und die restliche Alpha Cru ihm von der magischen Meerwelt erzählen. Er hat schon immer daran geglaubt, dass es unter der Meeresoberfläche noch mehr Geheimnisse gibt, als wir es für möglich halten.

»Selbstbestimmung lässt die Seele atmen.«

SISKA
Meermensch, Darkonerin

Landgänger-Nachname: Ferreira
Dominante äußere Merkmale: nachtschwarze Haut, helle Augen

....

Siska ist ein Meerkind und lebt bei ihren Adoptiveltern in Portugal. Nachdem sie den Song »Hinterm Wasserfall« der Alpha Cru im Internet entdeckt, nimmt sie Kontakt zu Alea und den anderen Banden-Mitgliedern auf und ist bei der allerersten Videokonferenz der Meerkinder dabei.

Als Siska erfährt, dass Doktor Orion den Wasservirus entwickelt und damit fast die gesamte Meereszivilisation ausgelöscht hat, ist für sie klar, dass sie die Alpha Cru in ihrem Kampf unterstützen will. Weil die zweite Videokonferenz aus für die Meerkinder unerfindlichen Gründen ausfällt, bricht die Darkonerin aus Sorge um Aleas Verbleib gemeinsam mit fünf anderen Meerkindern nach Schottland auf, um bei Artama in Rach Turana Hilfe für Alea zu erbitten. Dies führt schließlich dazu, dass der König der Schweige-Schamire der Elvarion den Goldumhang überlässt und ihr so zu einem Vorteil im Kampf gegen den Doktor verhilft.

Aufgrund von Sprachnachrichten in der Chatgruppe der Meerkinder weiß Siska genau, was Alea und der Alpha Cru zugestoßen ist und wo sie sich befinden. Sie beantragt ein Sabbatjahr von der Schule und macht sich auf den Weg nach Sankt Goarshausen, um Alea zu helfen.

Während Orion am Strand der Loreley Alea, Lennox und Anthea auflauert, gelingt es Siska, den Doktor mit einem Überraschungsangriff zu überrumpeln und den dreien so die Flucht zu ermöglichen. Die Darkonerin ahnt nicht, dass einer der Männer in Orions Gefolge ihr Vater Zeirus ist.

Mit einem Anflug von Stolz sagte Siska:
»Ich wurde dazu geboren, Alea Aquarius zu helfen.
Ich will ihr Arm und ihre Hand sein,
wenn jemand für sie kämpfen muss.
Ich will ihre Kraft und ihre Ausdauer sein,
wenn sie Beistand braucht.«

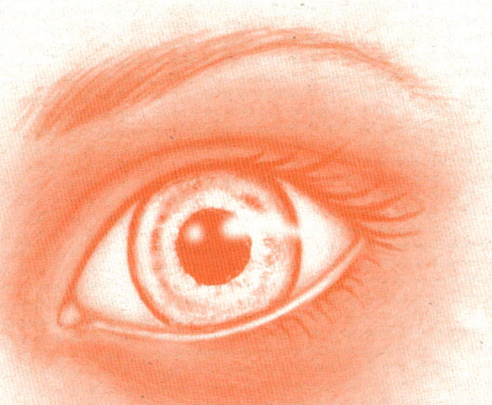

Zeirus
Meermensch, Darkoner

Spitzname: Zeirüsselchen (von Orion)
Dominante äußere Merkmale: nachtschwarze Haut, helle Augen,
Arm-Tätowierung mit dem Schriftzug seiner Tochter

Zeirus ist der Oberbefehlshaber der nordatlantischen Darkoner
und sorgte früher für Recht und Ordnung in den Meeren. Mit seinem Gefolge war er für die Bewahrung des ozeanischen Friedens
zuständig.

Kurz bevor Orion den tödlichen Virus im Meer ausgesetzt hatte,
lockte er den Darkonerchef und seine Männer in eine Falle. Der
Doktor erzählte ihnen von einer Krankheit, die unter den Meermenschen ausgebrochen sei, und appellierte an das Ehrgefühl und
die Hilfsbereitschaft der Darkoner. Zeirus und seine Gefolgschaft
leisteten dem Doktor daraufhin den Herrenschwur, im Glauben,
den Virus gemeinsam noch besser bekämpfen zu können. Zeirus
wusste nicht, dass Orion ihm und seinen Männern während der
Zeremonie hinterrücks ein spezielles Serum verabreichte, das bei
ihnen eine Veränderung auf der Molekularebene auslöste – eine
Art Metamorphose: Dadurch verstärkten sich zwar zum einen ihre
Fähigkeiten um ein Vielfaches, zum anderen wurden sie jedoch
dem Doktor hörig und hatten fortan keinen freien Willen mehr.
War es früher die Hauptaufgabe der Darkonergruppe, die Meere zu
beschützen, so sind sie nun gezwungen, Orions illegale Geschäfte
auszuführen und das Abladen von Giftmüll im Meer zu ermöglichen.
Zeirus ist voller Verzweiflung und glaubt, seinem Schicksal nicht

entkommen zu können. Er wäre lieber gestorben, als Orions Willen hilflos unterworfen zu sein. Der Darkonerchef ist fassungslos vor Entsetzen, als er erfährt, dass der Doktor einen weiteren Virus entwickelt und plant, diesen gegen die Magischen einzusetzen.

Von Alea erfährt Zeirus, dass seine Tochter Siska überlebt hat. Dass er ihr jedoch am Strand des Rheins bereits gegenüberstand, ahnt er nicht.

Alea fielen beinahe die Augen aus dem Kopf. Zeirus hatte eine Tätowierung auf dem Arm! Es war ein Mädchenname, umrahmt von einer Wasserschlingpflanze, die den Namen zu liebkosen schien.

Siska.

»Siska!«, brachte Alea ungläubig hervor. Zeirus' Kopf fuhr zu ihr herum. Hastig zog er den Ärmel runter. »Ich kenne Siska!«, rief Alea. »Sie ist eines der überlebenden Meerkinder!« »Was?« Zeirus' Blick bohrte sich in ihren. »Sie hat überlebt?«

Wortliste Hajara-Deutsch

Hajara	Deutsch
Aerbruk	Todeszone, Zone im Wasser ohne Sauerstoff
Dharrkon	Krieger
Dschan	Freund
Eartian	Landgänger (wörtlich)
Eartian, Jahit	Landgänger (wörtliche Übersetzung). Helfen
Eya ela Elvarion	Sie ist die Elvarion.
Eyat ela meu dharrkon	Er ist mein Krieger.
Hajaro	Meermensch
Hunati	Landgänger (aus Beschwörungsformel, förmlich)
Jahit	Helfen
Kavantra	Name
Mar	Ich
Mar vamschha garuu!	Ich liebe dich!

Hajara	Deutsch
Mar vamschha garuu, Yavani	Ich liebe dich, Yavani.
Mar vamschha garuu hitas	Ich liebe dich auch.
Meu Kavantra eisa Alea Aquarius	Mein Name ist Alea Aquarius.
Meu Trabaar eisan Adetari	Mein Stamm sind die Adetari.
Misch Dayara	Guten Tag
Misch Lalaya	Guten Abend
Misch Natalya	Gute Nacht
Mschah	Ja
Nscha	Gut
Nscho garuu sa hunati!	Öffne dich für Landgänger! (Beschwörungsformel)
Pesdeggo	Ein recht harsches Hajara-Wort für jemanden, über den man sich sehr ärgert
Opaarsch	Gehen

Hajara	Deutsch
Ptaar	Nein
Schattfa	Mist
Swadaan	Danke
Trabaar	Stamm
Unah	Hallo
Ya	Du
Ya elarr Hajaro	Du bist ein Meermensch.
Ya opaarsch va ...	Du gehst mit …
Yavani	Ewige Liebe

Die Antagonisten

Aquilius Orion

Halb Landgänger, halb Meermensch (Roix)

Landgänger-Nachname: Orion
Spitzname: der Doktor
Dominante äußere Merkmale: trägt eine Brille, wilde Locken, groß und dünn

---

Aquilius Orion ist dreiundvierzig Jahre alt und halb Landgänger, halb Meermensch. Sein Vater Finnoliold war ein Roix, seine Mutter Jorun Orion eine isländische Landgängerin. Während Aquilius zunächst im Meer eine vollständige Roix-Ausbildung abschloss, studierte er anschließend an Land Medizin, Mikrobiologie und Chemie. Nach seinem Studium kehrte Orion in seine Heimatunterwasserstadt Faramont zurück, um dort einige Jahre in einem Gesundungshaus zu praktizieren. Zusätzlich eröffnete er in Reykjavík eine Praxis für Landgängerpatienten. Der Doktor ist in beiden Welten zu Hause. Sein Mann Jinx, der ihn in allem unterstützt, ist schon viele Jahre sein Partner.

Orions unscheinbares, harmloses Äußeres steht in starkem Kontrast zu seiner Bösartigkeit. Der Doktor sieht sich selbst als Genie, dem sich niemand in den Weg stellen kann. Er ist hochintelligent, jedoch ohne Empathie oder moralischen Kompass. Den tödlichen Wasservirus erfand er gezielt, um die Meereszivilisation auszulöschen. Denn die Meermenschen waren ihm bei seinen kriminellen Geschäften (illegale Müllabladungen im Meer) im Weg, und ohne ihre Gegenwehr vergrößert sich sein Reichtum ins Unermessliche. Um herauszufinden, was alles in ihm steckt, geht Orion immer wieder bis an die Grenzen dessen, was möglich ist. Es macht ihm

Spaß, zu ergründen, wie weit er mit seinen Methoden kommt. Dabei betrachtet er sich selbst als eine Art Übermensch, der sich an keinerlei Regeln oder ethische Grenzen halten muss.

Kurz vor der Verbreitung des Virus lockte Orion den Darkoner-Chef Zeirus und seine Männer in eine Falle. Heimtückisch unterwarf er sie seinem Willen mit einem manipulierten Herrenschwur, der die Darkoner auf Lebenszeit zu absolutem Gehorsam ihm gegenüber verpflichtet.

Nachdem Orion die Zivilisation der Meermenschen fast vollständig vernichtet hat, ist es nun sein Ziel, einen Virus zu entwickeln, der die Magischen tötet. Der Doktor hat große Angst vor jeglicher Form von Magie, denn die Nixe Mura erwischte ihn einst bei einem Einbruch in die Heilige Schatzkammer ihres Volkes und verfluchte ihn dazu, für alle Zeiten von jeglicher Meeresmagie ausgeschlossen zu sein. Doch nicht nur das – der Fluch besagt weiterhin, dass sich die Magie gegen Orion wenden wird und die magischen Völker eines Tages sein Ende heraufbeschwören werden.

Orions Gegnerin ist Alea Aquarius, die sich als Elvarion der letzten Generation für die Rettung der Ozeane einsetzt und die Meermenschenwelt wiederauferstehen lassen will. Durch die gestohlene Nixen-Muschel hörte der Doktor zum ersten Mal von Aleas Rolle und setzte fortan alles daran, die Elvarion unter seine Kontrolle zu bringen und in ihrer Kraft zu schwächen. So entwickelte Orion sogar einen DNA-Wandler, um Alea ihrer Meermenschenfähigkeiten zu berauben. Darüber hinaus zwang er Lennox, Alea und der restlichen Alpha Cru das Gedächtnis zu nehmen.

Der mythologischen Bedeutung der antiken Griechen nach ist Orion das Sternbild des großen Jägers. Die griechische Mythologie enthält ein weiteres wichtiges Detail, wonach der Jäger Orion durch den Stich eines Skorpions getötet wird …

»Ich habe dich unterschätzt, Alea. Aber das wird mir nicht noch einmal passieren, das verspreche ich dir. Beim nächsten Mal werde ich dich töten.«

MURA
NIXE

Dominante äußere Merkmale: Nixenmale, runzlige Faltenhaut, muskulöser Oberkörper, Fischschwanz, eisblaue Augen

Mura ist eine der Ältesten des Nixenvolkes und verabscheut nichts so sehr wie die Landgänger, die sie für die Verschmutzung der Meere verantwortlich macht. Als sie eines Tages Doktor Orion, einen halben Landgänger, beim Diebstahl von Reichtümern in der Heiligen Schatzkammer der Nixen erwischt hatte, verfluchte sie ihn dazu, für alle Zeiten von jeglicher Meeresmagie ausgeschlossen zu sein. Kein magischer Gegenstand sollte sich ihm mehr öffnen, kein magisches Ritual mehr gelingen. Der Fluch besagte, dass sich die Magie eines Tages gegen ihn wenden wird und die magischen Völker sich erheben, um Orion zu vernichten. Muras Hass auf die Landgänger wurde nach diesem Vorfall zur reinen Besessenheit.

Auch gegenüber der Nixenkönigin entwickelte Mura ein Gefühl der Verachtung, da sie es Haruko nicht verzeihen konnte, sich mit einem Landgänger eingelassen und obendrein einen männlichen Nachfolger geboren zu haben, der ein halber Landgänger ist: Cassaras. Als die Nixenkönigin beschloss, den Silberumhang wegzugeben, damit er die Elvarion der letzten Generation erreichen konnte, war Mura rasend vor Wut. Kaltblütig lockte sie Haruko in einen Hinterhalt und tötete sie und ihr Gefolge mithilfe ihres Warkans. Damit brach sie den Kodex ihres Volkes, der besagt, dass keine Nixe jemals ihren Warkan gegen eine der ihren in den Kampf schicken darf. Da es der Nixenkönigin kurz vor ihrem Tod noch gelang, den Silberumhang einer Finde-Finja zu übergeben, ist Mura seitdem auf der Suche nach dem magischen Gewand, denn sie will die neue Königin ihres Volkes werden.

Mura kennt die Legende, nach der der Umhang eines Tages zu Alea kommen wird, und so verfolgt sie die *Crucis* unablässig. Alea, die von Orion zeitweilig in eine Landgängerin verwandelt wird, ist Muras Auffassung nach des Umhangs nicht würdig.
Als der Silberumhang schließlich doch zu Alea findet und Cassaras ihn der Elvarion überlässt, bietet sich für Mura endlich die Gelegenheit, das Gewand zu stehlen. Bei der Überfahrt vom Ufer zur *Crucis* entreißt sie Alea den Rucksack, in dem der wertvolle Mantel liegt, und kehrt damit zum Nixenvolk zurück, um sich zur Königin krönen zu lassen.
Cassaras, der von Muras Verrat an seiner Mutter erfährt, macht sich umgehend auf, um die Nixe in einem Duell herauszufordern. Der Kampf wird zeigen, wer in Zukunft das Nixenvolk anführt: Cassaras oder Mura.

> *»Mein Name ist Mura, ich bin eine der Ältesten. Und du, Alea – was denkst du, wer du bist? Du bist nichts weiter als eine Landgängerin und nicht die Elvarion der letzten Generation! Nicht einmal unsere Sprache beherrschst du noch! Ein Nichts bist du, seit du von dem Teufel Orion verwandelt wurdest. Der Schurke hat dir deine Bestimmung genommen. Also verhalte dich auch so! So wahr ich Mura heiße, steht fest, dass du des Silberumhanges nicht würdig bist. Gib ihn mir! Keinem Landgänger soll er gehören!«*

Glossar der wichtigsten Begriffe

Begriff	Bedeutung / Infos
Anker setzen	»Anker setzen« ist eine Technik, die von Walwanderern angewandt wird, um nicht in einen Walrausch zu verfallen. Dabei drillt man sich darauf, an etwas Bestimmtes zu denken, sobald man den Anker sieht – zum Beispiel daran, dass man wach bleiben muss. Dieser Anker holt einen immer wieder zurück und verhindert, dass man vor lauter Glück wie von Sinnen ist. Während eines Walrausches kann man nicht mehr klar denken. Deshalb ist er so gefährlich. Man würde sich mit den Walen zu Tode schwimmen.
Anzeigesäule	Eine Anzeigesäule ist eine dreieckige Säule im Meer, hoch wie ein Laternenmast. Gilfen können auf ihr Nachrichten und Warnungen einstellen. Anderen Meeresbewohnern ist es nur mithilfe von Gilfenmagie möglich, etwas auf eine Anzeigetafel zu schreiben.
Beschwörungs- formel für Skorpionfische	Oblivionen können mit einer Beschwörungsformel Skorpionfische herbeiholen, um Gegenstände tarnen zu lassen. Das Getarnte ist dann unsichtbar. Der Spruch lautet: »Kommt, ihr Tarnungsmeister, ihr Verhüllungsgeister. Kommt und tarnt – verschleiert das, was kein Auge sehen darf.«
Buchmuschel	Eine Buchmuschel ist eine magische Muschel, die Geschichten und ganze Bücher enthalten kann. Füllt man eine solche Muschel mit Wasser,

Begriff	Bedeutung / Infos
	wird die darin »gespeicherte« Geschichte aktiviert. Sie läuft dann automatisch in genau der Geschwindigkeit ab, die die Augen zum Lesen brauchen.
Dor Tenarr	Dor Tenarr ist eine verlassene Unterwasserstadt der Flussmenschen. Sie befindet sich in der Nähe der Loreley bei Sankt Goarshausen. Die Gebäude der Stadt sind aufgrund der geringen Wassertiefe im Rhein kaninchenbauartig in den Fels gehauen worden.
Elvarion-Modus	Der Elvarion-Modus ist ein Zustand absoluter Klarheit. Er sorgt dafür, dass eine Elvarion alle unwichtigen Gedanken beiseiteschieben und auch in einer bedrohlichen Lage ruhig und ohne Angst handeln kann. Der Zustand ist einer Meditation ähnlich.
Emotions-Tribunal	Ein Emotions-Tribunal ist eine Art Gericht, bei dem eine Lafora einen Verbrecher die Gefühle seiner Opfer fühlen lässt. Der Bösewicht empfindet dann genau die Gefühle, die er durch sein Verhalten in den anderen ausgelöst hat. Er spürt seine Taten sozusagen am eigenen Leib – nicht körperlich, sondern rein gefühlsmäßig.
Faramont	Faramont ist eine große verlassene Unterwasserstadt vor der Südküste Islands. Sie ist Doktor Orions Heimatstadt im Meer, in der er früher viel Zeit verbracht hat.

Begriff	Bedeutung / Infos
Finde-Finja-Ritual	Damit eine Finde-Finja einen Suchauftrag annimmt, sollte man ein Ritual befolgen. Es läuft folgendermaßen ab: Man ruft: »Finde-Finja, komm herbei, hilf uns schnell mit Zauberei!« Die Finde-Finja antwortet: »Ich bin gekommen.« Danach stellt man sich vor und fragt nach dem Namen der Finde-Finja: z. B. »Ich bin Alea Aquarius. Und wie heißt du?« Dann spricht man seine Bitte aus, nennt also das, wonach die Finde-Finja suchen soll. Daraufhin geht die Finja in ihre Übermittlungsstarre – ihre Ärmchen wedeln langsam und bedächtig vor sich hin, während die Magische sich mit dem aquarischen Netz ihrer Schwestern verbindet und deren riesigen Informationsschatz abruft. Sobald sie einen Findungsplan entwickelt hat, schwimmt sie los. Wenn sie am Ziel angekommen ist, sagt die Finde-Finja: »Ich habe gefunden, was ihr gesucht habt. Ich bin eine Finde-Finja. Ich finde.« Man antwortet mit einem rituellen Satz, der die Findung abschließt: z. B. »Ich bin eine Walwanderin. Ich habe gesucht, und du hast gefunden.«
Fotostein	Ähnlich wie auf Anzeigetafeln ist es Gilfen möglich, Abbildungen auf Steine zu übertragen.
Flex	Ein Flex ist ein eng anliegender Schwimmanzug, der von Meermenschen getragen wird. Der Anzug passt sich dem Körper optimal an und kann Kälte und Wärme ausgleichen.

Begriff	Bedeutung / Infos
Gat'Nambeessa	Gat'Nambeessa ist die Hauptstadt der Nixen, in der die jeweilige Königin residiert. In der Stadt befindet sich auch die Heilige Schatzkammer, aus der Doktor Orion einst eine für die Nixen wertvolle Muschel gestohlen hat.
Goldumhang der Schweige-Schamire	Der Goldumhang der Schamire ist der Umhang der Vergangenheit. Wer ihn anlegt, kann die gesamte Geschichte der Menschheit sehen. Der Goldumhang ist seit Urzeiten im Besitz der Schweige-Schamire, so wie der Silberumhang schon immer in der Obhut der Nixen war. Und so, wie es bei den Nixen üblich ist, wird auch der Goldumhang von jedem Schamirkönig an seinen Nachkommen weitergegeben.
Hajara	Hajara ist die Sprache der Meere, die alle Magischen und Meermenschen verstehen. Die Meerkinder sprechen die Meeressprache ganz automatisch und müssen sie nicht erst erlernen. Ebenso verhält es sich mit der Hajara-Schrift, die von Meerkindern ebenfalls ganz intuitiv erfasst wird.
Hercules	Die *Hercules* ist das Beiboot der Alpha Cru und wurde, genau wie die *Crucis*, nach einem Sternbild benannt.
Herrenschwur	Mit dem Herrenschwur verschreibt sich ein Darkoner einem Herren und schwört, ihm sein gesamtes Können zu widmen. Untergebene

BEGRIFF	BEDEUTUNG / INFOS
	schwören zum Beispiel ihrem Anführer, dass sie ihm folgen und ihn unterstützen werden – alles innerhalb eines großen Rituals. Dabei knien sie vor dem Herren nieder und umfassen sein Schwert, bis ihr hervorquellendes Blut den Treueschwur besiegelt. Doktor Orion manipulierte diesen Schwur, indem er ein Serum entwickelte, das ein Gen der Darkoner aktiviert. So findet bei den Darkonern eine Optimierung auf der Molekularebene statt, eine Art Metamorphose. Die Fähigkeiten der Krieger werden dadurch um ein Vielfaches verstärkt. Dem Doktor gelang es jedoch auch, die Kräfte der Darkoner mit bedingungsloser Hörigkeit zu koppeln. So sind sie ihm für alle Zeit hörig. Der Herrenschwur lässt sich auch auf Oblivionen anwenden. Um Orion zu entkommen, schwört Lennox Alea den Herrinnenschwur.
KATZENAUGEN-MODUS	Sobald eine Wanderin unter Wasser taucht, beginnt ihre Verwandlung. Schwimmhäute treten zwischen den Fingern hervor und die Augen werden katzennachthell. Sie sind dann so strahlend leuchtend wie kleine Scheinwerfer. Diesen Zustand nennt Alea Katzenaugen-Modus.
(MAGISCHER) LEIERKASTEN	Der magische Leierkasten ist eine Art Jukebox, mit der Lieder abgespielt, aber auch aufgenommen und gespeichert werden können. Cassaras trägt seinen Leierkasten fast immer bei sich.

Begriff	Bedeutung / Infos
Luftbronnen	Luftbronnen sind Sauerstofftanks, die in den Unterwasserstädten von den Meermenschen als Luft-Tankstellen für Robben, Delfine und Wale verwendet wurden.
Minutenringe	Minutenringe sind Ringe, die die Tauschkraft der Laforas in sich tragen. Wenn man einen der beiden Ringe jemand anderem an den Finger steckt, tauscht der Ring für genau eine Meerminute sämtliche Eigenschaften, die man selbst hat, mit denjenigen der anderen Person. Eine Meerminute sind in etwa dreiundneunzig Sekunden in der Landgängerwelt.
Meeres-Disco	Mithilfe eines speziellen Licht- und Musik-Kastens konnte in der Meerwelt eine Disco veranstaltet werden. Der Kasten verfügt nicht nur über die Möglichkeit, zahllose Lichter erstrahlen zu lassen, es können auch Liedermuscheln abgespielt werden, die wie Schallplatten fungieren. Sobald die schneckenhausartigen Muscheln an den Kasten geknipst werden, spielen sie die sich darauf befindenden Lieder ab. Alea erlebt so eine Meeres-Disco in der Unterwasserstadt Faramont.
Mogwa	Eine Mogwa ist ähnlich wie ein Rummel oder eine Kirmes. Es gab sie in jeder größeren Meerstadt, da Spaß in der Meerwelt als sehr wichtig angesehen wurde.

Begriff	Bedeutung / Infos
Nixenkodex	Der Kodex der Nixen besagt unter anderem, dass keine Nixe jemals ihren Warkan gegen eine andere Nixe in den Kampf schicken darf.
Rach Turana	Rach Turana ist eine von Meermenschen erbaute Unterwasserstadt im Loch Ness, Schottland. Sie liegt unter einer riesigen Glaskuppel, die mit Sauerstoff gefüllt und über einen magischen Tunnel erreichbar ist. In Rach Turana befindet sich die älteste Bibliothek des Meervolkes, in der alles Wissen aufbewahrt wird. Außerdem wurden hier Nachrichten von am Virus erkrankten Meermenschen-Eltern an ihre Kinder gespeichert. Hüterin von Rach Turana ist die Kendarerin Artama.
Raffnarben	Meermenschen besitzen rötliche Knubbel zwischen den Fingern und Zehen, die sogenannten Raffnarben, die sich beim vollständigen Untertauchen in kaltem Wasser in Schwimmhäute verwandeln. Auch hinter den Ohren befinden sich Raffnarben, die »auf dem Trockenen« wie eingefallene Kaugummiblasen aussehen, sich im Wasser aber in Kiemen verwandeln.
Rilling	Der Rilling ist ein Knopf des Silberumhangs der Nixen. Mithilfe einiger Finjas und der Magie des Rituals der Findungsbindung verwandelte die Nixenkönigin Haruko einst die Knöpfe des silbernen Umhangs in Finde-Rillinge. Die Knöpfe funktionierten danach wie Kompasse,

Begriff	Bedeutung / Infos
	die aber nicht nach Norden ausgerichtet sind, sondern auf die *Crucis*. Denn der Legende nach wird der Silberumhang eines Tages auf genau diesem Landgängerschiff zur Elvarion der letzten Generation gelangen. Mit einem Rilling kann man außerdem kleine Zukunftsanrisse sehen. Cassaras hat einen der Rillinge gestohlen.
Rofus (Rotfarn)	Rofus ist ein Kraut, das am Meeresboden wächst und z. B. als Tee oder Konzentrat vor dem Wasservirus schützen kann. Bei normalen Meermenschen kann Rofus zwar die Symptome der Krankheit verlangsamen, er kann sie jedoch nicht vor dem sicheren Tod bewahren. Das klappt nur bei Mischlingen. Die Pflanze braucht die Strömungen des Meeres, um wachsen zu können.
Rubenacht	Rubenacht ist eine Gilfenstadt, die tief unter dem Meeresgrund, inmitten einer riesigen unterirdischen Höhle liegt. Sie befindet sich vor der norwegischen Küste und wird aufgrund der allumfassenden Dunkelheit als Stadt der ewigen Nacht bezeichnet.
Sengbohne	Eine Sengbohne ist eine hellbraune Kugel, die an eine leicht eingedrückte Marzipankartoffel erinnert. Sie produziert so etwas wie flüssiges Feuer, das die Meermenschen vor allem dazu nutzten, Unrat und Müll zu entsorgen. Der Stamm der Brim übernahm mithilfe der Seng-

Begriff	Bedeutung / Infos
	bohnen das Vaporisieren der immer größer werdenden Müllmassen im Meer.
Silberfäden	Die Silberfäden entstammen Königin Harukos Silberumhang. Mit ihnen kann man kleine Blicke in die Zukunft werfen, die sogenannten Silberfadenvisionen.
Silberumhang der Nixenkönigin	Der Silberumhang der Nixen ist der Umhang der Zukunft, denn er verleiht demjenigen, der ihn trägt, die Macht, in die Zukunft zu blicken und den wahrscheinlichsten Gang der Dinge vorherzusehen. Da die Zukunft nicht in Stein gemeißelt ist, kann der tatsächliche Lauf der Dinge von den Visionen leicht abweichen. Der Umhang befindet sich von jeher in der Obhut des Nixenvolkes.
Stimmungsspiel	Stimmungsspiel ist das Meermenschenwort für das Farb- und Formengemisch, das nur Wanderer im Wasser sehen können. Es zeigt unter anderem die Emotionen einer Person wie eine Aura im Wasser an. Die Farben und Formen erzählen jedoch nicht nur von Gefühlen, sondern beinhalten auch Geschichten und Informationen. Außerdem können Wanderer ihre eigene Spur und die anderer Wesen im Wasser sehen. Alea findet beispielsweise anhand ihrer eigenen Spur nach einem Tauchgang zurück zur *Crucis*. Auch Gegenstände, wie etwa Schiffe, hinterlassen Farbspuren im Meer.

Begriff	Bedeutung / Infos
Suun Amuun	Suun Amuun ist eine verlassene Unterwasserstadt mit prunkvollen wunderschönen Gebäuden vor der Küste Belgiens. In Suun Amuun gab es viele Möglichkeiten für Meermenschen, gesellig beisammen zu sein.
(Magische) Trillerpfeife	Mit dieser besonderen Trillerpfeife rufen Meermenschen die eigene Robbe zu sich. Sammy kann damit Fussel herbeiholen.
Trosk	»Auf Trosk gehen« bedeutet, dass Walwanderer ihre Walfamilien auf deren Streifzügen durch die Meere begleiten. Da Wanderer auf ihren Reisen oft großen Gefahren ausgesetzt sind, werden sie häufig von Oblivionen begleitet. Es gab früher zahlreiche Wanderer- und Oblivionen-Clans, die sich fest zusammenschlossen und stets gemeinsam auf Trosk gingen.
Vendorra	Vendorra ist eine uralte, versunkene Landgängerstadt vor der Küste Griechenlands, die von den Gilfen intakt gehalten wird. Wie Rach Turana liegt sie unter einer riesigen Glaskuppel.
Villa Konungur	Die Villa Konungur ist die herrschaftliche Residenz von Doktor Orion in Island. Sie verfügt über eine Vielzahl von Zimmern, einem modern ausgestatteten Labor, einem Heimkino und sogar über einen Kerker, in dem Anthea häufig gefangen gehalten wurde. »Konungur« bedeutet auf Isländisch »König«.

Begriff	Bedeutung / Infos
Wanderernachricht	Eine Wanderernachricht ist eine Botschaft, die von einem Wanderer über das Wasser verschickt werden kann. Die Nachricht kündigt sich wie ein Surren an, das an einen Bienenschwarm erinnert. Sie ist hell und flach und enthält das Bild des Absenders. Die Botschaft ist wie eine Videonachricht. Um eine Nachricht aufzunehmen, muss man sein Herz sprechen lassen. Unwichtig ist das Wie, stattdessen muss man sich darauf konzentrieren, was man senden möchte.
Wandererspiegel	Im Wandererspiegel können Meermenschen anderer Stämme das Stimmungsspiel sehen, wozu sonst nur Wanderer fähig sind.
Webmühle	In einer Webmühle werden Kleider für Meermenschen hergestellt. Die Mühle verfügt über eine Werkstatt, in der sich eine kompliziert aussehende Gerätschaft befindet, die an einen Webstuhl erinnert. An den Wänden wiederum sind unzählige Schubladen angebracht mit den unterschiedlichsten Materialien, wie etwa Seegras, Tang und Algen. Aus dem gewebten Stoff fertigen Näherinnen und Näher Kleidung an, die später an die Meermenschen verteilt werden.
Wirbel der Weisheit	Der Wirbel der Weisheit sieht aus wie ein kleiner Brunnen, der sich in den Unterwasserstädten der Meermenschen befindet und aus dem ein Strudel hervorquillt. Im Brunnen ist die Projektion von einem bernsteinfarbenen Auge eines

BEGRIFF	BEDEUTUNG / INFOS
	Seh-Saffiers zu erkennen. Wenn ein Meermensch seine Hand in den Wirbel steckt, wird das Auge größer, tritt regelrecht aus dem Strudel hervor und schaut direkt in die Person hinein, wie ein echter Seh-Saffier. Daraufhin ertönt eine glasklirrende Stimme und verkündet eine Weisheit. Jeder Meermensch bekommt eine Wohlwollung pro Tag. Alea bezeichnet den Brunnen als Balsam-für-die-Seele-Automat.
ZAVANA RAVANDA	Mit Zavana Ravanda können Walwanderer sämtliche magischen Wesen zu sich rufen, die sich in der Nähe befinden. Es kann als Hilferuf benutzt werden und ist eine Art magisches SOS.

»Wenn man immer nur daran denkt, was schiefgehen könnte, hat der Kopf schon Schiff- bruch, bevor überhaupt Sturm aufkommt.«

SAMMY

Bandennamen-Generator

Möchtest du Mitglied der Alpha Cru werden? Dann lass dir vom Schicksal einen Bandennamen zuweisen! Diese Seite ist ein Auszug aus Sammys antikem Buch der Sternbilder.

»Es gibt hier an Bord ein altes lateinisches Buch über Sternbilder. Man nimmt es in die Hand und blättert darin, ohne hinzugucken. Dann schlägt man irgendeine Seite auf! Und das Sternbild, das auf der aufgeschlagenen Seite beschrieben wird, ist dein Bandenname.«

Schließe die Augen, oder lasse sie dir von einem Freund oder einer Freundin mit einem Tuch verbinden. Fahre langsam mit dem Finger von oben bis unten und von links nach rechts über die Buchseite. Sobald du spürst, dass du an der richtigen Stelle bist, öffne deine Augen und sieh nach, bei welchem Sternbild dein Finger stehengeblieben ist. Dies ist dann dein Bandenname.

Willkommen in der Alpha Cru!

Andromeda	Andromeda
Antlia	Luftpumpe
Apus	Paradiesvogel
Aquarius	Wassermann
Aquila	Adler
Ara	Altar
Aries	Widder
Auriga	Fuhrmann
Bootes	Bärenhüter
Caelum	Grabstichel
Camelopardalis	Giraffe
Cancer	Krebs
Canes Venatici	Jagdhunde
Canis Major	Großer Hund
Canis Minor	Kleiner Hund
Capricorn	Steinbock
Carina	Kiel des Schiffes
Cassiopaia	Kassiopeia
Centaurus	Zentaur
Cepheus	Kepheus
Cetus	Walfisch
Chamaeleon	Chamäleon
Circinus	Zirkel
Columba	Taube
Coma Berenices	Haar der Berenike
Corona Australis	Südliche Krone
Corona Borealis	Nördliche Krone
Corvus	Rabe
Crater	Becher

Crux	Kreuz des Südens	Ophiuchus	Schlangenträger
Cygnus	Schwan	Orion	Orion
Delphinus	Delfin	Pavo	Pfau
Dorado	Goldfisch	Pegasus	Pegasus
Draco	Drache	Perseus	Perseus
Equuleus	Füllen	Phoenix	Phönix
Eridanus	Eridanus	Pictor	Maler
Fornax	Ofen	Pisces	Fische
Gemini	Zwillinge	Piscis Austrinus	Südlicher Fisch
Grus	Kranich	Puppis	Achterdeck
Hercules	Herkules	Pyxis	Schiffskompass
Horologium	Pendeluhr	Reticulum	Netz
Hydra	(Nördliche) Wasserschlange	Sagitta	Pfeil
		Sagittarius	Schütze
Hydrus	(Kleine, südliche) Wasserschlange	Scorpio	Skorpion
		Sculptor	Bildhauer
Indus	Inder	Scutum	Schild
Lacerta	Eidechse	Serpens	Schlange
Leo	Löwe	Sextans	Sextant
Leo Minor	Kleiner Löwe	Taurus	Stier
Lepus	Hase	Telescopium	Teleskop
Libra	Waage	Triangulum	Dreieck
Lupus	Wolf	Triangulum Australe	Südliches Dreieck
Lynx	Luchs		
Lyra	Leier	Tucana	Tukan
Mensa	Tafelberg	Ursa Major	Großer Bär
Microscopium	Mikroskop	Ursa Minor	Kleiner Bär
Monocerus	Einhorn	Vela	Segel
Musca	Fliege	Virgo	Jungfrau
Norma	Winkelmaß	Volans	Fliegender Fisch
Octans	Oktant	Vulpecula	Fuchs

Meer-Musik:
Die Songs der Alpha Cru

Tanya Stewner · Guido Frommelt
Alea Aquarius. Die Songs
1 CD · ab 5 Jahren
EAN 4260173788570

Es ist so weit: Die beliebten Lieder der Alpha Cru bekommen endlich ihren eigenen Auftritt. Autorin Tanya Stewner und ihr Mann Guido Frommelt haben zusammen 14 tolle Songs geschrieben, die von dem Kino- und Kinderlieder-erfahrenen Team von 3Berlin musikalisch wunderschön umgesetzt wurden. Und weil beliebte Casting-Jungstars Alea und der Cru ihre Stimmen geben, kommt das perfekte Wir-Gefühl der Crucis auf. Die Lieder erhältst du als CD, als Download und im Streaming.

„‚Die Songs' ist das absolute Must-have für Fans der Meermädchen-Saga."
(leosuniversum.de)

Weitere Informationen unter:
www.alea-aquarius.de und **www.oetinger.de**

Komm in die Beta Cru!

START   **DIE BÜCHER**   **DIE FIGUREN**   **DIE KREATIVEN**   **GOODIES**   **SPIEL & SPASS**   **INSPIRATION**   **EURE WERKE**   **LOGBUCH**

Du bist ein Riesen-Fan von Alea und der ganzen Alpha Cru? Dann werde Teil der Alea Aquarius-Community! Tausche dich mit Gleichgesinnten aus. Entdecke leckere Rezepte. Mach mit beim Song-Quiz und vieles mehr ...

Über den QR-Code geht's direkt zur Community:
www.alea-aquarius.de

Zur Beta Cru

Oetinger

Hier findest du alles zu Aleas Welt:
www.alea-aquarius.de

Du schaffst das, Alea!

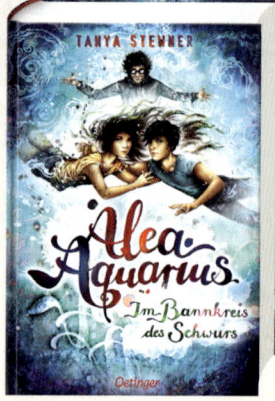

Tanya Stewner
Alea Aquarius 1.
Der Ruf des Wassers
320 Seiten · ab 10 Jahren
ISBN 978-3-7891-4747-0

Tanya Stewner
Alea Aquarius 4.
Die Macht der Gezeiten
418 Seiten · ab 10 Jahren
ISBN 978-3-7891-0888-4

Tanya Stewner
Alea Aquarius 7.
Im Bannkreis des Schwurs
464 Seiten · ab 10 Jahren
ISBN 978-3-7891-0169-8

Alea fühlt den Sog des Meeres, seit sie denken kann – und doch fürchtet sie es. Denn wenn sie mit Wasser in Berührung käme, könnte es tödlich für sie enden. Das hat Aleas Mutter ihrer Pflegemutter gesagt, bevor sie verschwand. Doch bei einem Unfall entdeckt Alea etwas, das sie niemals für möglich gehalten hätte. Sie ist ein Meermädchen mit magischen Fähigkeiten! Schon bald sticht sie mit der Alpha Cru in See, um gemeinsam die wunderschöne Welt der Meere zu retten.

Die große Meermädchen-Saga von Bestsellerautorin Tanya Stewner.

Auch als eBook und Hörbuch

Weitere Informationen unter:
www.alea-aquarius.de und **www.oetinger.de**

Alea Aquarius
für Leseanfänger*innen

Tanya Stewner
Alea Aquarius.
Die Magie der Nixen
64 Seiten · ab 8 Jahren
ISBN 978-3-7891-1208-9

Tanya Stewner
Alea Aquarius.
Ein Lied für die Gilfen
64 Seiten · ab 8 Jahren
ISBN 978-3-7891-1044-3

Tanya Stewner
Alea Aquarius.
Die Kraft d. Wasserkobolde
64 Seiten · ab 8 Jahren
ISBN 978-3-7891-1518-9

Du brauchst noch etwas Übung beim Lesen oder kennst ein jüngeres Kind, das unbedingt auch Aleas Abenteuer kennenlernen sollte? Dann sind die Lesestarter von Alea Aquarius perfekt. Große Schrift und viele farbige Bilder sorgen für ordentlich Spaß beim Lesenlernen.

Oetinger

Weitere Informationen unter:
www.alea-aquarius.de und www.oetinger.de

Auflösung des Tests von S. 88
1c, 2a, 3c, 4b, 5a, 6b, 7b, 8a, 9b, 10c